Klartext

Wir in Nordrhein-Westfalen
Unsere gesammelten Werke
52

Harald Polenz

Schönes NRW:
Denkmale

Zeugen der Vergangenheit
von der Urzeit bis zur Industriegeschichte

Originalausgabe

Satz und Layout: Achim Nöllenheidt
Umschlaggestaltung: Marketing und Kommunikation,
                          WAZ Mediengruppe
Umschlagbild: Kulturland Kreis Höxter
Druck und Bindung: Druckerei Himmer, Augsburg

© Klartext Verlag, Essen 2007
ISBN 978-3-89861-812-0

www.klartext-verlag.de

INHALT

RHEINLAND / BERGISCHES LAND

OSTWESTFALEN-LIPPE

SÜDLICHES WESTFALEN

MÜNSTERLAND

RUHRGEBIET

RHEINLAND /
BERGISCHES LAND

Das Rheinland gehörte in den ersten Jahrhunderten nach der Zeitenwende zum römischen Imperium. Davon erzählen zahlreiche antike Bauten. Eines der bedeutendsten ist die römische Wasserleitung von der Eifel nach Köln, eine Ingenieurleistung erster Güte. In der Eifel ging es heiß her, als die Vulkane ausbrachen. In einem Vulkanmuseum können die Besucher jene Zeit nacherleben, die den Laacher See entstehen ließ. Das Kloster Altenberg und die Wuppertaler Schwebebahn vertreten das Bergische Land.

ECKFELDER MAAR
Das Urpferd aus der Eifel

► Infos
Maarmuseum Manderscheid
Wittlicher Straße 11
Tel. 06572 / 920310
Fax 0652 / 920315
marmuseum@t-online.de
www.maarmuseum.de
Öffnungszeiten:
Di-Sa 10-12 Uhr und
14-17 Uhr, So/Fei 13-17 Uhr,
Mo geschlossen
Eintritt:
2 €, 1,50 €, 1,30 €
Familienkarten: 2 Erwach-
sene mit 2 Kindern 5,50 €,
1 Erwachsener mit 2 Kindern
3,50 €

In der Eifel könnte es jederzeit wieder zu Vulkanausbrüchen kommen, prognostizierten Geologen jüngst in einer Untersuchung. Dass dieses Gebiet vor Jahrmillionen einmal sehr „bewegt" war, davon legen unter anderem die Maare, fast kreisrunde, durch vulkanische Aktivitäten entstandene Seen, eindrucksvoll Zeugnis ab.

Eines der Maare gelangte in den 1990er Jahren durch bedeutsame Funde zu Weltberühmtheit: Das Eckfelder Maar ist ein so genanntes Trockenmaar, denn das Wasser des Sees ist längst verdunstet. Eine Serie von mächtigen Wasserdampfexplosionen riss vor rund 45 Millionen Jahren einen 900 Meter großen und 190 Meter tiefen Krater in die Landoberfläche. Am Boden des Kessels sammelten sich rasch Grund- und Regenwasser, ein Maar-See entstand, in dem sich eine reiche Tierwelt ansiedelte. Viele Lebewesen, die in den ehemaligen Sedimenten des Maars konserviert wurden, gerieten aber durch unglückliche Umstände in den See, bis Wissenschaftler sie seit 1988 ausgruben.

Moospflänzchen aus dem Eckfelder Maar: 45 Millionen Jahre alt und so gut wie neu.

Hundegroße Urpferde sind einige gefunden wurden, aber die schwangere Urpferdstute aus Eckfeld ist einmalig.

Im Maarmuseum Manderscheidt sind diese zum Teil sensationellen Funde zu besichtigen. Darunter allerlei Pflanzenreste, Käfer, Fische, Schildkröten, Krokodile und eine trächtige Urpferdstute. Diese Urpferde verfügen über Hundegröße und sind die Vorläufer der uns heute bekannten Pferde. Das Eckfelder Maar wurde somit zum Fenster in eine Zeit, in der in der Eifel noch subtropisches Klima herrschte und die Vulkane rauchten. In den Wäldern wuchsen Sumpfzypressen und Palmen und in ihren Ästen tummelten sich Halbaffen. Krokodile lagen regungslos im Schatten und lauerten auf Beute. Eine exotische Welt in der heute eher beschaulichen Eifel.

VULKANPARK EIFEL
Als die Berge Feuer spuckten

▶ Infos
Vulkanpark GmbH
Infozentrum Rauschermühle
Rauschermühle 6
56637 Plaidt
Tel. 02632 / 98750
Fax 02632 / 98750
Info-Hotline: 0180 / 1885526
info@vulkanpark.com
www.vulkanpark.com

Bild links: Schon die Römer
bauten den Eifeltuff ab. Besucher können die Ausgra-
bungsstätte eines römischen
Tuffsteinbergwerkes be-
gehen.

Bild rechts: Im Infozentrum
des Vulkanparks Eifel bekom-
men die Besucher einen Eindruck davon, wie es aussah,
als die Berge in der Eifel noch
krachten und zischten.

Seit es in der Eifel eine „Deutsche Vulkanstraße" gibt, sind
alle geologisch relevanten Gebiete zum Thema Vulkane erschlossen. Besucher erleben hautnah, wie es war, als es in der
Eifel heiß her ging. Seit der Anerkennung der „Deutschen
Vulkanstraße" arbeiten unter dem Dach des Nationalen Geo-
parksVulkan Eifel drei bestehende Vulkan- bzw. Geoparke
zusammen: der Vulkaneifel European Geopark in der West-
eifel, der Vulkanpark Mayen-Koblenz und der Vulkanpark
Brohltal/Laacher See.

Mit gewaltigen Ausbrüchen schufen die Vulkane der Eifel,
zuletzt durch den gewaltigen Laacher-See-Ausbruch vor
13 000 Jahren, Deutschlands jüngste Landschaft aus Feuer,
glühender Lava und Asche.

Noch heute zeugen zahlreiche Schlackenkegel, Maare, me-
terdicke Tuff- und Bimswände sowie erkaltete Lavaströme
von dieser heißen Entstehungsgeschichte. Zahlreiche Berg-
werke, Stollen und Steinbrüche dokumentieren eindrucksvoll das Leben der Menschen von und mit den Vulkanen der
Eifel. Nicht nur auf Hawaii und am Ätna kann man die Welt
des Vulkanismus erleben, sondern direkt vor der Haustür in
der Eifel. Der Vulkanpark im Kreis Mayen-Koblenz präsen-

Glühende Lavaströme ergossen sich dort, wo heute das Kloster Maria Laach steht.

Die Erde arbeitet noch immer:
Sprudelnde Quellen versorgen
die Menschen mit Mineralwasser.

tiert den Besuchern den ruhenden Vulkanismus in der Eifel und damit einen Einblick in eine faszinierende Welt.

Mit seinem Infozentrum Rauschermühle in Plaidt/Saffig, dem Römerbergwerk Meurin bei Kretz, dem Lava-Dom in Mendig, der eindrucksvollen Wingertsbergwand, dem Eppelsberg sowie zahlreichen weiteren Projekten macht der Vulkanpark den Eifelvulkanismus, die Entstehung der Landschaft sowie die Nutzung von Lava, Bims und Tuff von der Römerzeit bis heute erlebbar.

Eine der eindrucksvollsten Stationen ist das Römerbergwerk Meurin. Hier haben die Römer in Tiefen von vier bis sechs Metern Tuffe abgebaut. Durch den modernen Abbau, der wesentlich tiefer in die Erde eingedrungen ist, wurden die meisten dieser antiken Steinbrüche zerstört.

Nicht so auf dem Gelände der Trassgrube Meurin bei Kretz. An zwei Stellen haben Besucher die Möglichkeit, in die unterirdische Arbeitswelt vergangener Zeiten zu blicken. Enge Gänge, schlechte Lichtverhältnisse und staubige Luft prägten den Alltag der Untertagearbeiter. Nur wer in den Gängen war, kann sich vorstellen, was die Menschen damals leisten mussten.

Ein Areal von 55 mal 45 Metern ist von einer futuristischen, freitragenden Konstruktion aus Stahl, Glas und Kunststoff überdacht und schützt das ehemalige Grabungsgelände.

Die Lava-Dome des Vulkanmuseums Mendig gehören ebenfalls zum Vulkanpark. Im Lavakeller, auf einer Fläche von fast drei Quadratkilometern unter der Stadt, liegen die hallenartigen Keller. Die Museumslay, eine Freilichtausstellung, bietet einen Spaziergang durch das Leben der Steinhauer und Layer.

Im Keller erleben die Besucher multimediale Vulkanausbrüche und sprechende Steine. Ein Erlebnis für alle Sinne. Man steigt hinab in einen erkalteten Lavastrom in die Lavakeller, 30 Meter unter der Erde.

Multimedialer Vulkanausbruch im Keller des Infozentrums Vulkanpark.

Tuffsteinabbau im Original auf der Erlebnisreise durch den Vulkanpark.

Bild linke Seite: Wie entsteht ein Maar?
Diese Frage wird im Vulkanpark beantwortet.

ABTEI MARIA LAACH
Romanisches Münster am Rande des Vulkans

► Infos
Benediktinerabtei
Maria Laach
56653 Maria Laach
Tel. 02652 / 590
Fax 02652 / 59359
abtei@maria-laach.de
www.maria-laach.de

Die Benediktinerabtei Maria Laach verdankt ihren Ruhm nicht nur der reizvollen Lage am größten Vulkansee der Eifel, sondern auch der architektonischen Schönheit der Kirche, die der Kunsthistoriker Georg Dehio als eine der „vollkommensten Äußerungen romanischer Baukunst in Deutschland" bezeichnete.

Friese aus Arkanthus und Köpfen in der Abteikirche.

Am größten Vulkansee liegt die Abteikirche Maria Laach, vor der schon Goethe ins Staunen geriet.

Kunstschätze von unwiederbringlichem Wert hütet die Abteikirche.

Zu den schon im 19. Jahrhundert zahlreichen Besuchern gehörte neben Goethe die Schriftstellerin Dorothea Schlegel. In einem Brief an ihren Mann setzte sie Maria Laach ein literarisches Denkmal: „Gestern abend im hellen Mondschein war ich wieder auf dem Laacher See. Die waldbewachsenen Felsen um den Wundersee, die ganz deutlich noch die Spuren vulkanischer Ausbrüche zeigen, und der dichte Wald, die uralten Stämme. Dann mitten auf dem See die Tiefe, die dem Auge entschwindet, und die Sage, die hier einen ganz unergründlichen Abgrund angibt, der nie wieder eine Beute an das Licht des Tages sendet."

Die sechstürmige Klosterkirche, das Laacher Münster, ist eine gewölbte Pfeilerbasilika mit prachtvollem Westeingang, dem so genannten Paradies und dem 1859 restaurierten Kreuzgang aus dem Anfang des 13. Jahrhunderts.

Das Naturkundemuseum St. Winfrid, unmittelbar neben der Abtei gelegen, zeigt auf 1 000 Quadratmeter Ausstellungsfläche Säugetiere, Vögel, Schmetterlinge und Insekten aus aller Welt. Eine umfangreiche Stein- und Mineraliensammlung aus dem Laacher-See-Gebiet ergänzt die Ausstellung.

▶ DER BESONDERE TIPP

Auf dem Gelände der Abtei gibt es einige weitere interessante Einrichtungen für Besucher.
Der Hofladen des Klostergutes hat zum Beispiel von Montag bis Samstag zwischen 9 und 18 Uhr geöffnet.

Das Naturkundemuseum St. Winfrid mit seinen großen Sammlungen erlaubt einen Einblick in die Fauna der Welt (Tel. 02652 / 4785). An der Abtei beginnt ein Vulkanwanderweg rund um den Laacher See.

BURG ELTZ
Die schönste deutsche Burg wurde nie zerstört

▶ Infos
Burg Eltz
Gräflich Eltz'sche Kastellanei
56294 Münstermaifeld
Tel. 02672 / 950500
Fax 02672 / 9505050
kastellanei@burg-eltz.de
www.burg-eltz.de
Öffnungszeiten:
April bis November
tägl. 9.30-17.30 Uhr
Eintritt:
Burgführung: 6 €, 4,50 €
Schatzkammer: 3 €, 2 €
Kombiticket: 8 €, 5,50 €

Die Burg Eltz bei Wierschen, die jahrzehntelang den 50-Mark-Schein schmückte, gilt als eine der schönsten Burgen Deutschlands. Sie liegt im Tal der Eltz, die das Maifeld von der Vordereifel trennt. Gemeinsam mit dem Schloss Bürresheim ist die Burg Eltz die einzige Anlage in der Eifel, die niemals erobert oder verwüstet wurde und die Kriege des 17. und 18. Jahrhunderts sowie die gesellschaftlichen Umbrüche der Französischen Revolution unversehrt überstehen konnte. Burg Eltz wurde im Jahre 1268 – um eine Erbstreitigkeit zu vermeiden – unter drei Nachkommen aufgeteilt und als Gemeinschaftserbe weitergeführt. Jede Linie baute im Laufe der Jahrhunderte im engen Burgbereich ihr eigenes Anwesen aus. So kam es zu der dichten Bebauung mit einer Vielzahl von Türmchen, Erkern und anderen Elementen.

Ein kleiner Teil der Burg kann im Rahmen einer Führung besichtigt werden. Diese dauert durchschnittlich etwas über vierzig Minuten und wird zwischen dem 1. April und dem 1. November täglich je nach Publikumsverkehr, mindestens jedoch alle 10 bis 15 Minuten angeboten.

Sehenswert ist auch die „Schatzkammer" in den Kellergewölben des Rübenacher Hauses. In der Schatzkammer ist eine außergewöhnliche Kunstsammlung mit über 500 Exponaten aus dem 12. bis 19. Jahrhundert ausgestellt. Neben Meisterwerken der Gold- und Silberschmiedekunst werden auch verschiedene Kuriositäten gezeigt.

Bild rechte Seite: So muss eine romantische deutsche Burg aussehen – Burg Eltz wurde in ihrer Geschichte nie zerstört.

„HEIDENTEMPEL"
Als in der Eifel die Matronen verehrt wurden

► Infos
Das Matronenheiligtum ist für die Religionsgeschichte der Römer in unseren Breiten von besonderem Interesse. Der Tempelbezirk mit nennenswerten Überresten der Gebäude kann ganzjährig besichtigt werden.
Zufahrt:
Über die Landstraße von Bad Münstereifel nach Zingsheim (Hinweisschild „Archäologisches Denkmal" beachten).
Eintritt:
Der Besuch ist kostenlos

Im Volksmund wird das Bauwerk auf einem Hügel in der Eifel in Blankenstein-Pesch „Heidentempel" genannt. In Wahrheit handelt es sich um ein römisches Matronenheiligtum, das durchaus Bezüge zur Marienverehrung der Christen aufweist. Wer diese nach Grabungen rekonstruierte Tempelanlage besucht, wird überrascht sein über die gegenwärtigen Zeichen: Da liegen Blumen und Ähren, Kiefernzapfen und Früchte auf den Opferschalen des aufgestellten Matronensteins. Matronen? Darunter versteht der Volksmund beleibte, behäbige Frauen. Doch die Matronen sind gallische Muttergottheiten, die von den Römern in ihren Pantheon aufgenommen und gerade in den Provinzen am Rhein verehrt wurden.

Rund 800 Funde von Matronensteinen sind bekannt geworden. Einen besonderen Schwerpunkt bildet die ehemalige römische Stadt Köln, in der viele romanisierte Menschen vom germanischen Stamm der Ubier lebten. Von den Ubiern übernahmen römische Legionäre die Verehrung der Matronen. Die Matronensteine sind zumeist Stiftungen, die auf „Geheiß der Göttin" angefertigt worden sind. Der Stifter hatte offensichtlich ein Gelübde geleistet und für die Erfüllung einer Bitte einen Weihestein versprochen.

Die Darstellung der Matronen auf Weihesteinen präsentiert die Matronen fast ausschließlich als Dreiheit: Zwei ältere Matronen mit auffallenden Hauben – wie sie zum Beispiel verheiratete und verwitwete Ubierinnen in und um Köln trugen – sitzen links und rechts einer jüngeren Matrone, die ihr schulterlanges Haar offen trägt. Die weibliche Trinität wird mit der weiblichen Genealogie (junges Mädchen, Mutter, Großmutter oder Alte Weise) verbunden. Die Dreiergruppe könnte auch an die germanischen Nornen erinnern und somit den Rang von Schicksalsgöttinnen haben.

„Heidentempel" nennen die Einheimischen das römische Matronenheiligtum.

Die Kultplätze, wie etwa der von Blankenheim-Pesch, liegen stets auf Anhöhen. Manchmal sind die Hügel kleiner, manchmal größer ausgeprägt. Besonders zu den Sonnen- und Mondfesten machten sich die Menschen auf den Weg, um die heiligen Stätten zu besuchen. Von Zuhause brachten sie Gaben für die Göttinnen mit, vielleicht als Geschenke, wohl aber auch als Bitte an die Matronen, diese Gabe zu schützen und reichlich wachsen zu lassen.

Den Matronen wurden vorwiegend Birnen und Äpfel (meist als Granatäpfel abgebildet) in den Schoß gelegt. Zusätzlich sind Ähren, Pinien, Kräuterkästchen und Schweinsköpfchen als Opfergaben dargestellt. Alle Attribute haben Fruchtbarkeitscharakter, wobei besonders Äpfel und Birnen weibliche Ursymbole sind, die Leben, Sterben und Wiedergeburt versinnbildlichen.

Reichen Erntesegen und paradiesische Zustände zeigen die Füllhörner, die auf den Schmalseiten der Matronensteine zu finden sind. Auch diese sind mit Obst gefüllt. Der Baum als Symbol des ewigen Lebens ist eng mit dem Matronenkult verbunden und in verschiedenen Stilen abgebildet. Im „Heidentempel von Blankenstein-Pesch" gibt es Hinweise auf ein frühes Baumheiligtum im späteren Matronentempel. Abgebildete Vögel, zum Beispiel Kraniche, geben der Hoffnung Ausdruck, dass der ewige Kreislauf der Natur niemals unterbrochen wird.

Das ursprüngliche Baumheiligtum stammt aus dem 1. Jahrhundert n. Chr., etwa 100 Jahre später wurde der Kultbereich erweitert; um 330 baute man ihn zu einer Prachtanlage aus, die als Wallfahrtsstätte diente.

Bei der Ausgrabung von 1914 bis 1918 fanden die Archäologen zahlreiche Weihesteine, die jedoch alle mehr oder weniger zerschlagen waren. So stellte man den Abguss eines Matronensteines aus dem Matronenheiligtum Görresburg bei Nettersheim auf.

Die konservierten Mauerzüge stammen aus der dritten Bauphase und zeigen einen gallo-römischen Umgangstempel, einen großen Festplatz mit Sechseckbau und eine Basilika mit Apsis. Um 450 wurde der Tempel zerstört.

AHRTAL
Wandern durch ein Rebenmeer

Ein Paradies von 25 Kilometern Länge zieht jedes Jahr reichlich Besucher an. Romantik und Gemütlichkeit sind hier ebenso selbstverständlich wie Gesundheit und Gaumenfreuden. Ein armes Gebiet war es ehemals, ein Nebental des Rheins, das heute zur Zeit der Weinfeste den Besucher schon fast verdrossen stimmen kann ob des Gedränges. Die Rede ist vom Ahrtal, der nördlichsten Weinbauregion Europas und einem der kleinsten Anbaugebiete Deutschlands. Und obwohl der Anteil der Rotweine von der Ahr sehr gering ist, gilt dieses Gebiet als „kleines Rotweinparadies". Die Ahr, ohne-

▶ Infos
Ahrtal-Tourismus
Bad Neuenahr-Ahrweiler
Hauptstraße 80
53474 Bad Neuenahr-
Ahrweiler
Tel. 02641 / 91710
www.ahrtaltourismus.de

Wer es bis zum Eifelblick schafft, hat einen guten Teil des Ahrwanderweges geschafft und wird mit traumhaften Weitblicken belohnt.

Wer nicht gut zu Fuß ist, der nimmt den Vulkan-Express durch das Ahrtal.

hin kein langer Fluss, verdankt aber eben jenen 25 Kilometern des mittleren und unteren Tals ihre Berühmtheit. Geologisch unterscheidet sich das weite, untere Ahrtal mit seiner lieblichen Landschaft und den tiefgründigen Lößböden, die dem Wein einen sanften, weichen Ton verleihen, erheblich von der schroff zerklüfteten Felskulisse aus Schiefer und Grauwacke des mittleren Ahrtals. Hier wird vor allem Wein insbesondere aus der blauen Spätburgunderrebe erzeugt, der zu den besten deutschen Rotweinen zählt. Geschützt von der Eifel, vom Wasser der Ahr mit Feuchtigkeit und Wärme versorgt – es regnet selten und die Sonne scheint recht lang –, gedeihen die Trauben hier wie in einem optimal klimatisierten Brutofen.

Die meisten Winzerbetriebe besitzen nur kleine Rebflächen, große Güter gibt es nicht, da ist es nur verständlich, dass Genossenschaften die Vermarktung übernehmen. Eine Besonderheit dabei ist, dass sich in Mayschoß der 1868 gegründete Winzerverein befindet, die älteste handelsgerichtlich eingetragene Winzergenossenschaft der Welt. Die gewaltigen Kellergewölbe und historischen Weinbaugeräte sind sehenswert, produziert werden hier immer noch bekannte Weine, die zu probieren wären.

Anschließend lohnt ein Aufstieg zur Ruine Saffenburg, den Resten der aus dem 11. Jahrhundert stammenden und im Jahr 1704 zerstörten, ältesten Burg an der Ahr. Zu den Reizen der Kirche St. Nikolaus zählen Teile der barocken Ausstattung des ehemaligen Klosters Marienthal und das schwarze Marmorgrabmal der 1646 verstorbenen Gräfin Katharina von der Mark, Herrin zu Saffenburg.

Zudem betreiben viele Genossenschaften Probierstuben mit Gaststätten. Anziehungspunkte sind zahlreiche kulinarische wie traditionsreiche Stätten, zum Beispiel das älteste Weinhaus, das historische Restaurant Sanct Peter in Walporzheim, das seit dem 13. Jahrhundert in Händen des Kölner Domkapitels war. Dazwischen liegt die älteste Ahrbrücke aus dem Jahr 1723 bei Rech, und vom Steinerberg aus ist die Fernsicht bis Köln und zum Westerwald zu genießen.

Von hier aus gelangt man über den Rotweinwanderweg zum Schrock, der Kalenborner Höhe und dem Teufelsloch oder dem Weißen Kreuz in Altenahr und der Bunten Kuh bei Ahrweiler. Von all diesen Punkten aus kann man besonders weit sehen. Bad Neuenahr/Ahrweiler lockt nicht nur mit gotischer Hallenkirche aus dem 13. Jahrhundert, romanischem Turm der Willibrorduskirche oder dem Beethovenhaus, sondern auch mit Großem Sprudel und warmer Natrontherme. Ein Kaufmann aus Ahrweiler entdeckte diesen Gesundbrunnen 1856 und verhalf damit drei Dörfern zu internationalem Ruhm.

XANTEN
Kaiser Trajan baute am Niederrhein eine Stadt

▶ Infos
Archäologischer Park/
Regionalmuseum Xanten
Verwaltung aller
Einrichtungen
Trajanstraße 4
46509 Xanten
Tel. 02801 / 712-0
Fax 02801 / 712-149
apx@lvr.de
www.apx.de

Archäologischer Park Xanten
Wardter Straße
Kasse: Tel. 02801 / 2999

Anmeldung Grillhütte:
Tel. 02801 / 983010
Restaurant/Imbiss
„Römische Herberge":
Tel. 02801 / 3415

Die Colonia Ulpia Trajana (CUT) war die zweitgrößte Stadt der römischen Provinz „Germania inferior". Die CUT liegt heute nur wenig nördlich des mittelalterlichen Xanten. Im Verlauf von rund 2 000 Jahren wurde die römische Stadt nicht überbaut, und im Jahr 1977 wurde sie zum Archäologischen Park und zur Schutzzone erklärt. Noch sind gut 80 Prozent des antiken städtischen Areals unter dem Rasen verborgen, doch die Wissenschaftler sind ständig dabei, dem Boden durch Grabungen neue Geheimnisse zu entlocken.

Man geht davon aus, dass 99 n. Chr. die Gründung der CUT in Rom beschlossen wurde. Sämtliche Straßen kreuzen sich im rechten Winkel und bilden annähernd quadratische Siedlungsareale, sogenannte insulae, aus. Die Stadt wurde durch eine Mauer geschützt und verfügte über ein

Bild rechte Seite:
Der Archäologische Park aus der Vogelperspektive.

Der Käutergarten neben der Herberge.

Forum und ein Capitol. Bedeutende Gebäude waren der Hafentempel und die Hafenherberge mit Therme und Gästezimmern. Heute ist diese Herberge als Gastronomie eingerichtet, in der die Besucher der römischen Speisekarte nachempfundene Gerichte kosten können. Gleich neben der Herberge kann man durch einen Kräutergarten wandeln, in dem die Gewürze der römischen Küche wachsen.

So genossen die Römer das Leben in der Großen Therme.

Weitere imposante Bauten sind das Amphitheater, in dem heute keine Tierhatzen mehr stattfinden, sondern Konzerte gegeben und Theater gespielt wird. Von römischen Badefreuden macht sich der heutige Besucher des römischen Xanten im großen Bäderpalast, der Therme, ein Bild. Die gelungene Rekonstruktion zeigt, wie „modern" es zuging in der von Kaiser Trajan erbauten Stadt am Niederrhein.

AACHENER DOM
Krönungskirche und Erinnerung an Karl den Großen

► Infos
Aachener Dom
Münsterplatz
52062 Aachen
Tel. 0241 / 47709127
www.aachendom.de
Öffnungszeiten:
Mo-Sa 11-19 Uhr,
So 7-19 Uhr

Die Doppelfunktion als Grabstätte Karls des Großen und als Krönungskirche der deutschen Könige macht die Anziehungskraft des Aachener Doms aus. Vor allem zieht seine Architektur viele Besucher in ihren Bann: Sehenswert sind das einem 16-Eck eingeschriebene Achteck der karolingischen Marienkirche, die als „Gläserner Schrein" gebaute gotische Chorhalle (1355–1414) und natürlich die künstlerische Ausstattung im Inneren. Spätantike Säulen und eine gallorömische Bronzebärin deuten auf Karls Bestreben hin, einen Bezug zum römischen Reich herzustellen. Aus der pfalzeigenen Gießhütte stammen der Pinienzapfen, die sogenannte Wolfstür und die Bronzegitter.

Zu diesem Bau berief Karl von allen Ländern diesseits des Meeres Meister und Werkleute aller Künste. Karl brachte seine eigenen Vorstellungen in den Plan ein. Als Folge der Auseinandersetzung mit Bauten in Ravenna und Konstantinopel entstand der achteckige Bau, das sogenannte Oktogon, welches auch heute noch Bestandteil des Doms ist.

Insgesamt sind allerdings nur wenige Baudaten der Pfalzkapelle bekannt. Nach 768 wurden die Fundamente gelegt, im Jahre 798 kostbare Säulen im Oktogon aufgestellt. 805 berichtete man von der Weihe der Kirche.

Die Kuppel zierte ursprünglich ein wohl von römischen Künstlern gestaltetes Mosaik der apokalyptischen Vision des himmlischen Jerusalems. Eine barocke Nachzeichnung zeigt die 24 Ältesten, die von ihren Thronen aufgestanden sind, um dem Weltherrscher ihre Kronen darzubringen. Das heutige Mosaik, das 1881 vollendet wurde, ist eine freie Rekonstruktion des karolingischen Originals.

Der Thron in der Westloggia hält in besonderem Maße die Erinnerung an Karls Hofkapelle und die Krönungskirche der deutschen Könige lebendig.

Zeugnis deutscher Geschichte: Der Aachener Dom, Krönungskirche der deutschen Kaiser.

Im Kern zeigt sich
der Dom romanisch.

Zu den Sehenswürdigkeiten gehören auch der reich ge-
schmückte Ambo und die Pala d'oro, eine reliefierte Goldtafel
des 11. Jahrhunderts, der große achteckige Radleuchter und
der prachtvolle Schrein für die Gebeine Karls des Großen,
beide gestiftet von Friedrich Barbarossa. Weitere Reliquien enthält der Marienschrein.
Der Aachener Dom wurde als erstes deutsches Monument in
die UNESCO-Liste des Weltkulturerbes aufgenommen.

EIFELWASSERLEITUNG
Römische Ingenieurkunst
für Köln

Eines der längsten Aquädukte des römischen Imperiums war die Eifelwasserleitung, die das Wasser durch die Eifel nach Köln in die öffentlichen Brunnen und Bäder transportierte. Es gilt als größtes antikes Bauwerk nördlich der Alpen. Das technische Kulturdenkmal ist ein Zeichen für die hohe Kunst römischer Ingenieure, deren technischer Standard auf dem Gebiet der Wasserversorgung erst in der Neuzeit wieder erreicht wurde.

Die Eifelwasserleitung wurde um das Jahr 80 n. Chr. in der Nordeifel aus Römer-Beton und aus im Halbbogen gemauerten Steinen erbaut. Römische Legionäre bauten die Leitung, denn nur das Heer verfügte über die Mittel. Sie hatte eine Länge von 95,4 Kilometern und eine Transportkapazität von bis zu 20 000 Kubikmeter Trinkwasser je Tag. Zählt man die verschiedenen Leitungen von den Quellen zur Hauptleitung dazu, ergibt sich eine Länge von insgesamt 130 Kilometern. Die Leitung transportierte das Wasser einzig und allein durch

Quellkammer der römischen Wasserleitung durch die Eifel nach Köln.

ihr Gefälle und gehört zu den bis heute nachwirkenden Denkmälern der Ingenieurkunst.

Ihr Verlauf zeigt die Befähigung der Römer zur exakten Vermessung, ihren Zugang zu Prinzipien der Physik und deren praktischer Ausführung.

Die gesamte Anlage war bis etwa 260 in Betrieb, nach der ersten Plünderung und Zerstörung Kölns durch die Germanen wurde sie nicht wieder in Betrieb genommen.

Die Leitung hat ihren Ursprung in der Gegend von Nettersheim im Flusstal der Urft am „Grünen Pütz", wo sie das Wasser einer Quelle aufnahm. Als reine Gefälleleitung zog sie sich am Talhang der Urft entlang nach Kall, um dort die europäische Wasserscheide zwischen Maas und Rhein zu überwin-

Archäologen holten die Zeugnisse der Meisterleistung römischer Baukunst wieder ans Tageslicht.

Im Verlauf des Römerkanal-Wanderweges sind Teilstücke der Leitung selbst und notwendige Einbauten wie Brunnenkammern und Viaduktreste zu sehen.

den. Anschließend verlief die Leitung parallel zum Nordhang der Eifel, überquerte die Erft bei Euskirchen-Kreuzweingarten und die Swist mit einer gemauerten Gewölbebrücke, um dann den Kottenforst bei Buschhoven und den Höhenrücken des Vorgebirges zu passieren. Weiter führte die Leitung über Brühl und Hürth nach Köln.

Das auffälligste Bauwerk im Verlauf der Wasserleitung war die Bogenbrücke mit 1 400 Metern Länge und bis zu zehn Metern Höhe. Archäologen gehen davon aus, dass die Brücke einmal 295 Bögen besessen haben muss.

▶ DER BESONDERE TIPP

Entlang der Route der Wasserleitung führt der „Römerkanal-Wanderweg" von Nettersheim über Kall, Euskirchen, Rheinbach, Brühl, Hürth nach Köln. Die Route ist mit 75 Schautafeln ausgestattet und gibt eine sehr gute Anschauung vom Verlauf der Leitungsstraße. Der Wanderweg ist 113,3 Kilometer lang und kann dank des dichten Netzes des öffentlichen Nahverkehrs in mehreren Etappen gegangen oder auch mit dem Fahrrad befahren werden.

DRACHENFELS
Mit der Zahnradbahn
zu Besuch beim Drachen

▶ Infos
Bergbahnen im
Siebengebirge AG
Drachenfelsstraße 53
53639 Königswinter
Tel. 02233 / 92090
www.drachenfelsbahn-
koenigswinter.de

Viele Wege führen auf den berühmten Vulkanfelsen bei Königswinter am Rhein. Von Königswinter aus erreicht man den Drachenfels zu Fuß in etwa 50 Minuten – oder man legt die Strecke auf dem Rücken eines Esels zurück. Deutschlands älteste Zahnradbahn (in Betrieb seit 1883) braucht acht Minuten. Wunder der Technik! Ursprünglich mit Dampflokomotiven betrieben, quälen sich seit 1953 elektrische Triebwagen den Berg hinauf und überwinden 220 Höhenmeter und eine Steigung von bis zu 27 Prozent.

Am 15. Juli 1883 – und damit noch vor der Fertigstellung von Schloss Drachenburg – war es soweit: Die Drachenfelsbahn wurde eingeweiht. Die zweite Zahnradbahn wurde im Siebengebirge in Betrieb genommen. Vorher schon gab es die Petersbergbahn, die aber nach dem einzigen schweren Unfall der Drachenfelsbahn 1958 ihren Betrieb einstellte. So ist die Drachenfelsbahn eine der wenigen in Deutschland noch in Betrieb stehenden Zahnradbahnen. Außer ihr sind heute nur noch die Zugspitz- und die Wendelsteinbahn in Betrieb.

Die Dampflokomotiven stellte der Betreiber 1953 bis 1958 außer Dienst und ersetzte sie durch elektrische Triebwagen. Der letzte Vertreter der Dampfrösser steht etwas oberhalb der Talstation. Heute sind die Triebwagen unter ihrem nostalgischen Blechkleid hochmodern ausgestattet. Je nachdem, wie viele Gäste zu befördern sind, werden Triebwagen eingesetzt, die zur Sicherheit unabhängig voneinander gefahren und gebremst werden können.

Oben angekommen, erwarten den Besucher neben einem einzigartigen Ausblick ins Rheintal und ins Siebengebirge (bei schönem Wetter sogar bis nach Köln) die traurigen Reste einer Trutzburg. Der Kölner Erzbischof Arnold I. hatte ihren Bau 1140 angeordnet. Im Dreißigjährigen Krieg wurde die Burg geschleift, um das umliegende Gebiet zu

Mit Zahnrädern betrieben, erklimmt sie den Drachenfels: die älteste Zahnradbahn Deutschlands.

befrieden. Als dann die Steinbrüche erneut ausgebeutet wurden, stürzten Teile der Ruine ein. Deshalb verfügte Preußenkönig Friedrich Wilhelm III. 1829 ein Verbot der Steinbrucharbeiten.

Für den Rückweg empfiehlt sich statt der Zahnradbahn ein Fußmarsch über den „Eselsweg", der besonders im Herbst erlebnisreich ist, wenn sich das Blattkleid der Bäume in immer neuen Rot- und Brauntönen färbt.

▶ DER BESONDERE TIPP

Etwa auf halber Höhe des Drachenfelsens erreicht man das 1881 bis 1885 im neugotischen Stil errichtete Schloss Drachenburg, auch „Neuschwanstein am Rhein" genannt.

Etwas unterhalb wartet die Nibelungenhalle, ein mit schwermütigen Gemälden zur Siegfried-Sage ausgestalteter Kuppelbau. Ihr schließt sich eine 40 Meter lange „Drachenhöhle" mit einer riesigen steinernen Nachbildung des Fabelwesens sowie einem Reptilienzoo an, der zu den größten seiner Art zählt.

NEANDERTHAL MUSEUM
Auf den Spuren
des Urmenschen

▶ Infos

Neanderthal Museum
Talstraße 300
40822 Mettmann
Tel. 02104 / 979797
Fax 02104 / 979796
museum@neanderthal.de
www.neanderthal.de
Öffnungszeiten:
Di-So 10-18 Uhr

Der Neandertaler im Eingang des nach ihm benannten Museums im Neandertal in Mettmann schaut verschmitzt ins Wetter. So, als würde er sich in der Sonne, auf seinen Holzspeer gestützt, eine genüssliche Siesta gönnen. Er war der erste Urmensch, der korrekt als solcher vom Schulmeister Fuhlrott identifiziert wurde. Der arme Schulmeister erntete dafür im 19. Jahrhundert ein müdes Lächeln seitens der Wissenschaft und Spott obendrein. So konnte sich der berühmte Anatom Rudolf Virchow die Bemerkung nicht verkneifen, es handele sich beim Neandertalfund um die Knochen eines rachitischen Idioten. Doch die Experten hatten sich geirrt. Letztendlich konnte die Fachwelt nicht umhin, Fuhlrott Respekt zu zollen, denn mit dem *Homo neandertaliensis* war zum ersten Mal eine Gattung Mensch gefunden worden, die unseren Stammbaum mit begründete.

Zwar sind wir, Homo sapiens, nicht mit dem Neandertaler verwandt, wie wir heute dank DNA-Analysen wissen, aber der Neandertaler besiedelte genau jenen europäischen Raum, den die Menschen später übernehmen sollten. Er war sozusagen der erste „Europäer".

Das Neanderthal Museum in Mettmann stellt anschaulich in einer Art Erlebnisreise die Umstände des Fundes des Neandertalers, wie auch die gesamte Entwicklungsgeschichte des Menschen in unmittelbarer Nähe des Fundortes vor.

Im Jahr 2000 rückte dieser Fundort noch einmal ins Licht der öffentlichen Aufmerksamkeit. Am historischen Ort herrschte damals eine Stimmung, als erwarte man hohe Prominenz. Kameras von mehreren Fernsehstationen waren aufgebaut, Presseleute drängelten sich um die besten Plätze und holten sich lehmverschmierte Schuhe und Hosen. Am 1. September 2000, 11 Uhr, nahmen die Urgeschichtler Jür-

Empfang im Neanderthal Museum: Homo neandertaliensis begegnet einem
schönen Exemplar Homo sapiens.

Die Originalfundstelle des Neandertalers im Gelände gehört heute ins Museumskonzept.

gen Thissen und Ralf W. Schmitz eine Persönlichkeit, die einen viel höheren Rang als jeder Staatsgast hat, in ihre Mitte: den Neandertaler. Sie taten dies genau an dem Ort, an dem er 1856 entdeckt wurde – im Neandertal bei Düsseldorf, wo sich einstmals die Feldhofer Grotte befand. Gut verschlossen hatte der Direktor des Rheinischen Landesmuseums in Bonn, Prof. Zehnder, jene Schädelkalotte zum Fundort geschafft, die nach ihrer Identifizierung Weltruhm erlangte. Die Fossilien aus der Feldhofer Grotte waren nach ihrem Fund von Fuhlrott korrekt identifiziert worden. Der Urmensch, der im Laufe der folgenden Jahrzehnte mit so vielen Missverständnissen, Vorurteilen und Irrtümern bedacht wurde, war ein Weltbürger der menschlichen Evolution.

Thissen und Schmitz gelang nun das Unglaubliche: Sie entdeckten den Fundort des Neandertalers neu und konnten seine von Fuhlrott gesicherten Skelett-Teile ergänzen, und zwar passgenau.

Die Leistung der Urgeschichtler bestand darin, nach den Aufzeichnungen von Fuhlrott im Neandertal recherchiert und den Platz wieder gefunden zu haben, auf den die Steinbrucharbeiter den Höhleninhalt gekippt hatten. Denn nichts ist im Neandertal mehr so wie zu Zeiten Fuhlrotts: Die Steinbruchwand, in der die Feldhofer Grotte lag, ist längst abgebaut. Den Fuß der Wand fanden die Ausgräber auf einem ehemaligen Schrottplatz, gruben nach und wurden fündig. Am 26. Juli 2000 zwischen 16.30 und 16.45 machten die beiden Urgeschichtler die Sensation perfekt: Ein Stück Augenhöhle mit Jochbein des „alten" Neandertalers passte exakt an die berühmte Schädelkalotte. Der „Alte" erhielt sein Gesicht zurück.

Die Grabungskampagne brachte 5 000 bis 6 000 Steingeräte und Herstellungsabfälle aus der Zeit des Neandertalers (etwa 50 000 – 40 000 Jahre v. Chr.) zu Tage.

All diese Dinge erfährt man bei einem Rundgang durchs Neanderthal Museum, man sieht auch eine Nachbildung des Skeletts mit den Neufunden, während die Originale im Rheinischen Landesmuseum in Bonn aufbewahrt sind.

WUPPERTALER SCHWEBEBAHN
Der Tag, an dem Tuffi aus der Schwebebahn fiel

▶ Infos
Wuppertaler Stadtwerke
Bromberger Straße 39–41
Tel. 0202 / 5698014

Die Wuppertaler Schwebebahn gilt seit mehr als einem Jahrhundert als das sicherste Massenverkehrsmittel der Welt. Kein Wunder, das in der vom ZDF ausgestrahlten Sendung „Unsere Besten – Die Lieblingsorte der Deutschen" die Schwebebahn von den Zuschauern auf Platz 6 gewählt wurde. Dabei ist der offizielle Name gar nicht Schwebebahn, sondern „Einschienige Hängebahn", die 1900 erbaut und 1901 für den Verkehr frei gegeben wurde.

Sie fährt von Wuppertal-Oberbarmen nach Wuppertal-Vohwinkel und zurück und durchquert die Stadt dabei von Nordosten nach Südwesten. Sie fährt auf einem zehn Kilometer langen Teilstück in etwa über dem Flussbett der Wupper und legt den Rest von 3,3 Kilometern in ca. acht Meter Höhe über Stadtstraßen zwischen der Endhaltestelle Vohwinkel-Schwebebahn und der Haltestelle Zoo/Stadion zurück. In Sonnborn überquert sie dabei das Sonnborner Kreuz. Die Gesamtfahrzeit mit Ein- und Aussteigestopps an 20 Haltestellen beträgt 30 Minuten. Seit der Eröffnung befindet sie sich kontinuierlich in Betrieb. Pro Jahr nutzen ungefähr 23 Millionen Fahrgäste das ungewöhnliche Verkehrsmittel.

Alle Welt wird sich an den skurrilsten Unfall mit der Schwebebahn erinnern. Am 21. Juli 1950 ließ der Circus Althoff seinen Elefanten Tuffi zu Werbezwecken zwischen den Haltestellen Rathausbrücke und Adlerbrücke mit der Schwebebahn fahren. Allerdings sprang das nervöse Tier bereits nach wenigen Metern aus dem Zug und landete kaum verletzt in der Wupper. Dagegen gab es bei den mitfahrenden Journalisten aufgrund der ausgebrochenen Panik einige Verletzte.

Der einzige Unfall, bei dem es zu Todesfällen kam, ereignete sich am 12. April 1999, als ein Waggon in die Wupper stürzte und fünf Menschen starben.

Der Popularität dieses einzigartigen Verkehrsmittels hat dieses Unglück keinen Abbruch getan.

Wuppertal warb schon immer mit der Schwebebahn.

SCHWEBEBAHN
BARMEN·ELBERFELD

Schwungvoll hielt dieser Künstler die Schwebebahn im Bild fest.

SIEGBURGER AULGASSE
Über Jahrhunderte das Keramikzentrum Europas

▶ Infos
Stadtmuseum Siegburg
Markt 46
53721 Siegburg
Tel. 02241 / 55733
Fax 02241 / 9698525
stadtmuseum@siegburg.de
www.siegburg.de
Öffnungszeiten:
Di-Sa 10-17 Uhr,
So 10-18 Uhr
Eintritt:
2 €

„Siegburger Schnellen" waren im Mittelalter in fast ganz Europa verbreitet. Nicht nur die „Schnellen", eine bestimmte Art von Prachtkeramik, sondern auch die ganz normale Gebrauchskeramik stellten die Siegburger her und Kölner Händler vertrieben die Ware. Wesentlich Trink- und Schenkgefäße wurden in der Aulgasse, dem Zentrum der Töpfer, gebrannt.

Der Bezirk lag außerhalb der Stadtmauer. Das Wort Aulgasse leitet sich von Eulner, Oilner oder Ulner ab. Die Bezeichnung Ulner für einen Töpfer war im rheinländischen Siegburg bis in das 19. Jahrhundert üblich.

Anfang der 1960er Jahre konnte der große Abwurfhügel in der Aulgasse archäologisch untersucht werden. Er war 60 Meter lang und bis zu fünfeinhalb Meter hoch. Er bestand hauptsächlich aus Tausenden von Fehlbränden, die sich nicht zum Verkauf eigneten.

Der Produktionsbeginn der Siegburger Keramik fällt ins 13. Jahrhundert, das Ende der Produktion in Siegburg ist mit dem 17. Jahrhundert sicher belegt.

Das Siegburger Steinzeug wurde durch die Kölner Händler in England, Skandinavien, den Niederlanden, dem Baltikum und in Deutschland verbreitet.

Die „Schnellen" waren die Gefäße für den besonderen Anlass. Sie entwickelten sich im Laufe des 16. Jahrhunderts und zeigen am besten das Können der Bildschneider. Der zylindrisch-konische Gefäßkörper war ausgefüllt mit Abbildungen – das waren Wappen oder religiöse Motive, die bestimmten Siegburger Werkstätten zugeschrieben werden können.

In vielen mittelalterlichen Tafelmalereien, Altargemälden oder Buchillustrationen sind Siegburger Gefäße dargestellt.

Siegburger Steinzeug gehörte bis ins 16. Jahrhundert in die Haushalte von Adel und Bürgern.

Beliebtes Motiv auf den Krügen war das Arkanthusblatt.

▶ DER BESONDERE TIPP

Einmal im Jahr wird Siegburg Treffpunkt für Keramiker aus ganz Europa. Jeden Sommer präsentieren und verkaufen rund 150 Töpfermeister aus dem In- und Ausland ihre handgefertigten Waren auf dem Siegburger Marktplatz.

SCHLOSS BURG
Von Lanzen, Schwertern und Dröppelminnas

► Infos
Schloss Burg
Schlossplatz 2
42659 Solingen
Tel. 0212 / 2422626
Fax 0212 / 2422611
info@schlossburg.de
www.schlossburg.de
Öffnungzeiten:
Mo 13-18 Uhr,
Di-So 10-18 Uhr
Preise:
5 €, 2,50 €

Graf Adolf II. von Berg erbaute im 12. Jahrhundert Schloss Burg im Bergischen Land. Die Burg galt früher als uneinnehmbar, nicht so für die Touristen, die vor allem an Wochenenden scharenweise in der Burg einfallen.

Vor allem das Schloss-Museum reizt, das sich den traditionellen Schwerpunkten Burggeschichte und bergische Wohn- und Arbeitskultur widmet. Die Angebote des Museums finden auf der Burg einen attraktiven Rahmen. Gleich unterhalb des Burghofes warten Restaurants mit Panoramablick und bergischen Spezialitäten auf die Gäste. Dort lässt sich ein Museumsbesuch mit einer frisch gebackenen Waffel, nach bergischer Tradition mit Reisbrei, Zimt und Zucker serviert, abrunden.

In der Museumsabteilung „Bergische Wohnkultur" sind auch einige Exemplare der „Dröppelminnas" zu sehen, daneben wuchtige Geschirrschränke, kostbare Möbel und

Stammsitz der Grafen von Berg: Schloss Burg an der Wupper.

Wer auf den Spuren der Ritter weilen will, geht ins Museum auf der Burg.

Service – Zeugnisse des bergischen Bürgertums, dem Schloss Burg seinen Wiederaufbau zum Ende des 19. Jahrhunderts verdankt. Denn nach dem Dreißigjährigen Krieg setzte der langsame Verfall der schwer beschädigten Burg ein, die 1850 sogar für den Abriss bestimmt war.

Die anregendsten Orte für die Besucher bleiben wohl jene Räume, die das Leben der Ritter beschreiben, etwa die Rüstkammer, in der Lanzen und Schwerter, Kettenhemden und eine komplette Turnier-Rüstung ausgestellt werden.

ALTENBERGER DOM
Größtes gotisches Kirchenfenster nördlich der Alpen

▶ Infos
Altenberger Dom
Eugen-Heinrich-Platz 2
51519 Odenthal
Tel. 02174 / 4533
Fax 02174 / 49357
www.altenberger-dom.de
Öffnungszeiten:
tägl. 6.30-20 Uhr,
Mo/Sa 8-20 Uhr

Der „Bergische Dom" zu Altenberg ist ein echtes Wahrzeichen des Bergischen Landes. Die große ehemalige Klosterkirche war Teil einer seit 1133 errichteten Zisterzienserabtei und steht im Ortsteil Altenberg der Gemeinde Odenthal. Graf Adolf IV. von Berg legte am 3. März 1259 den Grundstein zum „Bergischen oder Altenberger Dom". Gemessen

am Baubeginn ist er damit in etwa so alt wie der heutige Kölner Dom.

Der Graf ließ ihn im gotischen Stil erbauen und die Bauarbeiter verwendeten als Material Drachenfels-Trachyt. Den Bauvorschriften der Zisterzienser entsprechend verzichtete man auf jeden Prunk. So gibt es nur einen Dachreiter, und auf einen Turm verzichtete man gänzlich. Figürliche Darstellungen und farbige Verglasungen fehlten in den Anfangsjahren, sie wurden erst später eingebaut. Das zu Beginn des 15. Jahrhunderts fertiggestellte Westfenster ist das größte gotische Kirchenfenster nördlich der Alpen.

Im Altenberger Dom liegen die Grafen von Berg und die Herzöge von Cleve-Jülich begraben.

Bild linke Seite: Eigentlich eine Abtei – von den Menschen des Bergischen Landes schon immer „Altenberger Dom" genannt.

▶ DER BESONDERE TIPP

Etwa fünf Minuten vom Altenberger Dom entfernt liegt der „Deutsche Märchenwald Altenberg" mit lebensnahen Darstellungen aus der Sammlung der Brüder Grimm.

▶ Infos
Märchenwaldweg 15
51519 Odenthal-Altenberg
Tel. 02174 / 40454, Fax 02174 / 4788
maerchenwald-altenberg@web.de
www.deutscher-maerchenwald.de
Öffnungszeiten: ganzjährig tägl., Einlass 9-18 Uhr
Preise: 4,30 €, 2,30 €

OSTWESTFALEN-LIPPE

Die Weserrenaissance brachte bedeutende Bauwerke hervor, die zu Anzie-
hungspunkten der ersten Touristenstraße in
Deutschland wurden. Die Gründung des
Klosters Corvey mit seiner Bibliothek geht
auf das erste Jahrtausend unserer Zeitrech-
nung zurück. Im Freilichtmuseum Detmold
werden wichtige und alte Zeugnisse bäuerlicher Architektur verwahrt – eine Erlebnis-
welt der besonderen Güte in Nordrhein-
Westfalen.

KLOSTER CORVEY

Ohne die Corveyer Mönche wären Tacitus „Annalen" verloren

▶ Infos
Kulturkreis
Höxter-Corvey gGmbH
Museum Höxter-Corvey
Schloss Corvey
37671 Höxter
Tel. 05271 / 694010
Fax 05271 / 694400
empfang@schloss-corvey.de
www.schloss-corvey.de
Öffnungszeiten:
31. März bis 4. November
9-18 Uhr
Eintritt:
4,20 €, 2 €

Von Höxter kommen geht der Besucher über eine zwei Kilometer lange Allee zum Kloster Corvey, eines der bedeutenden politischen und kulturellen Mittelpunkte Deutschlands im frühen Mittelalter.

Anfang des 9. Jahrhunderts kamen der Mönch Ansgar und weitere Benediktinermönche aus Nordfrankreich auf Veranlassung zweier Vettern Karls des Großen nach Corvey und gründeten das Kloster.

Berühmt wurde es unter anderem durch seine Bibliothek, durch die die Annalen des Tacitus, die sächsischen Gesetzte Karls des Großen und die Schriften Ciceros durch Abschriften der Nachwelt erhalten wurden.

Früh verlor das Kloster seine Vorrangstellung, nachdem es unter dem Abt Strabo im 12. Jahrhundert eine letzte Blütephase erlebte. Wie die Stadt Höxter wurde das Kloster während des Dreißigjährigen Krieges zerstört. Die Bibliothek von unschätzbarem Wert ging dabei verloren. Von den alten Gebäuden blieb nur das Westwerk erhalten.

Das Corveyer Westwerk gehört zu den sehr wenigen noch existierenden seiner Art. Im 12. Jahrhundert wurden die durch rundbogige Arkaden geöffneten oberen Geschosse erhöht. Heute befindet sich im Kloster Corvey das Museum für die Stadt und den Landkreis Höxter.

In Corvey wirkte um 970 der bedeutende sächsische Geschichtsschreiber Widukind von Corvey. Er ist Autor der Sachsengeschichte, der Geschichte des Volkes der Sachsen. Widukind trat vor 942 in das Benediktinerkloster ein und schrieb dort von 967 bis 968 „Die Sachsengeschichte des Widukind von Corvey in drei Büchern". Darin überliefert er die Stammessage der Sachsen und gibt zugleich das lebendigste Zeugnis für die Zeit Heinrich I. und Ottos I..

Historische Ansicht des Klosters Corvey.

STRASSE DER WESERRENAISSANCE
Alte Touristenmeile
in Deutschland

▶ Infos
Weserbergland Tourismus
Deisterallee 1
31753 Hameln
Tel. 05151 / 9300
Fax 05151 / 930033
info@weserbergland-
tourismus.de
www.weserbergland-
tourismus.de

Besonders im Weserraum erfuhr der Baustil der Renaissance im 16. und 17. Jahrhundert eine besondere Ausprägung. Kaum irgendwo sonst in Mitteleuropa wurden in dieser Zeit so viele Schlösser, Bürger- und Bauernhäuser in diesem Stil gebaut, wie links und rechts der Weser. Wer Lust auf Geschichte und deren Zeugnisse hat, der sollte sich auf die „Straße der Weserrenaissance" begeben, die in wesentlichen Teilen auch Nordrhein-Westfalen berührt.

Besonders an der mittleren und oberen Weser drängen sich die Bauten, sie sind zum großen Teil erhalten und prägen die Landschaft. Bedeutende Bauwerke dieser Zeit auf nordrhein-westfälischem Gebiet stehen in Brakel, Corvey, Detmold, Höxter, Herford, Minden, Paderborn, Neuhaus und Wewelsburg. Eine besondere Mittlerrolle zwischen den Niederlanden und Deutschland nimmt Schloss Horst in Gelsenkirchen ein.

Die Bautätigkeit im Weserraum ist zur Zeit der Weserrenaissance so stark, dass sie Bauhandwerker und bedeutende Baumeister aus anderen deutschen Landen anzieht. Mehr als dreißig Baumeister der Renaissancearchitektur im Weserraum sind mit Namen und Herkunft durch ihre Meisterzeichen an den Bauten und durch Dokumente in den Archiven bekannt.

So ist es beinahe selbstverständlich, dass die Bauweise der Weserrenaissance nicht aus einer isolierten regionalen Tradition entstand, sondern die europäischen Kulturbeziehungen ihrer Zeit spiegelt. Andererseits gibt es auffallende bauliche Gestaltungsmittel, die im Weserraum stärker als anderswo auftreten und das Bild der Weserrenaissance prägen. Dazu gehören die sogenannten „Welschen Giebel" (geschwungene Giebel nach italienischem Vorbild), „Kerbschnitt-Bossensteine" (Quader mit gleichförmigen, kerbenartigen Ornamenten), besonderes Beschlagwerk (als Ornament, besonders

Nicht nur der Adel lieferte prächtige Bauwerke der Renaissance, auch die Bürger schufen prachtvolle Fachwerkbauten dieser Zeit.

an Giebelkanten und Portalen), „Streifenputz" (Putz in rautenförmiger Schraffur), „Fächerrosetten" (Halbkreise mit Fächerornamenten) und die „Utlucht" (niederdeutsch für Auslug, Ausblick, vorm Erdboden ausgehender, erkerartiger Vorbau).

Wer sich genauer über diesen einmaligen Kunstraum informieren möchte, muss einen Abstecher nach Niedersachsen unternehmen, nach Lemgo. Denn dort befindet sich das Weserrenaissance-Museum. 1989 nahmen die Bundesländer Niedersachsen und Nordrhein-Westfalen die auf verschlungenen Wegen von Bremen bis Kassel führende Straße in ihre Tourismuskonzepte auf. Allein 200 Straßenschilder erleichtern die nicht immer ganz einfache Orientierung. Es ist die erste Tourismusstraße, die öffentlich ausgeschildert worden ist.

Die Schlösser der Renaissancezeit bilden die Höhepunkte der Weserrenaissance, wie das Schloss Hämelschenburg zwischen Hameln und Bad Pyrmont.

HERFORD
Zeugnisse
der Weserrenaissance

Der längliche, ovale Stadtkern Herfords wird von der Aa und der Werre, die hier in die Aa mündet, durchflossen. Als Gruppenstadt aus unterschiedlichen Siedlungen zusammengewachsen, sind die verschiedenen Bereiche noch heute deutlich zu erkennen. In Herford sind bedeutende Bauwerke der Weserrenaissance zu sehen.

Das älteste Zentrum ist ein ehemaliges adeliges Damenstift, das im 9. Jahrhundert gegründet wurde und im Mittelpunkt des Ortes innerhalb der Altstadt mit Markt lag. Erhalten ist noch die ehemalige Stiftskirche, heute evangelische Münsterkirche. Direkt neben dem alten Markt entstand seit dem 13. Jahrhundert eine Neustadt mit neuem Markt. Das Haus Neuer Markt 2 wurde 1560 von dem Baumeister Johann von Brachum für den Herforder Ratsherrn und Kaufmann Jobst Wulfert errichtet und 1978/79 restauriert. Dem rechteckigen Gebäude, das an Giebel und Traufseite im Erdgeschoss durch große bleiverglaste Fenster belichtet wird, ist ein hoher Giebel vorgeblendet. Dieser Backsteingiebel, der vermutlich erst in den 70er Jahren des 16. Jahrhunderts hinzugefügt worden ist, wird von gemauerten plastischen Bändern, Kreisen und Rauten überzogen.

Die Staffelvorsprünge sind durch kielbogenförmige Bänder mit Muschelfüllung besetzt. Die Gestaltung des Giebels zeigt eine große Ähnlichkeit zu den Schlössern Overhagen und Hovestad, die stilistisch zu einer Sonderform, der sogenannten Lippe-Renaissance gerechnet werden. Besonders beachtenswert sind die beiden Halbfiguren, Adam und Eva, auf der mittleren Staffel.

In der Nähe, auf dem Neustädter Kirchplatz, steht noch der Zisternenbrunnen, der inschriftlich auf das Jahr 1599 datiert ist. Er gehört zu den sehr wenigen erhaltenen Brunnen seiner Art, die in der Renaissance in Deutschland viele öffentliche Plätze schmückten. Seine Rettung verdankt er wahr-

▶ Infos
Stadt Herford
Rathausplatz 1
32052 Herford
Tel. 05221 / 189218
Fax 05221 / 189800
info@herford.de
www.herford.de

scheinlich dem Umstand, dass er sich von 1839 bis 1964 in Privatbesitz befand. Über dem achteckigen Brunnenbecken tragen vier sogenannte Hermenpfeiler einen offenen Baldachin mit Kugelbesatz. Die oberste Bekrönung bildet ein so genannter Wappner, eine heraldisch symbolische Steinfigur.

Bürgerhaus in der Herforder „Neustadt" im Stil der Renaissance.

Das prächtigste erhaltene Fachwerkhaus des 16. Jahrhunderts ist das Remensniederhaus von 1521 auf der Brüderstraße 26. An den geschnitzten Knaggen, das sind Balkenüberstände, der oberen Geschosse sind Christus als Weltenrichter, Apostel, Heilige, Tugenden und Laster dargestellt.

Einer der wenigen überlieferten Brunnen dieser Zeit steht in Herford.

FREILICHTMUSEUM DETMOLD
Geschichten von Häusern, Tieren und Menschen

▶ Infos
LWL-Freilichtmuseum
Detmold
Krummes Haus
32760 Detmold
Tel. 05231 / 7060
Fax 05231 / 706106
wfm-detmold@lwl.org
www.lwl.org/freilichtmuseum-
detmold
Öffnungszeiten:
April bis Oktober
tägl. außer Mo 9-18 Uhr
Eintritt:
5€ / 2 €

Sie begegnen im Freilichtmuseum vollständig eingerichteten Baugruppen, umgeben von historischen Nutzflächen wie Gärten, Wiesen, Weiden und Äckern. Sie sind ursprünglich angelegt nach siedlungsgeographischen Gesichtspunkten und zeigen beispielhaft die landschaftlichen, zeitlichen, sozialen und bauhistorischen Unterschiede im Bauen, Wohnen und Wirtschaften unserer Region. Baugruppen aller westfälischen Teillandschaften wurden und werden noch erstellt.

Nicht nur Bauernhäuser werden gezeigt, sondern auch alte Handwerkskünste.

So gibt es z. B. für das Münsterland gemäß der hier vorherr-schenden Siedlungsform Einzelhöfe; für Minden, Ravens-berg, Lippe und Osnabrück zusammen eine Höfegruppe; für das Paderborner Land eine Dorfanlage um eine Kirche auf dem befestigten Friedhof; für das Sauerland ein Kleindorf. Für das Sieger- und Wittgensteiner Land entsteht ein Weiler, dessen Kapellenschule bereits zu besichtigen ist. Auf die Rekonstruktion archäologisch ausgegrabener Häuser wird verzichtet.

Groß- und Kleinbauernhöfe und Pachtkotten, durch Einlie-ger-, Altenteiler- und Handwerkerhäuser, Gutshof und Land-arbeiterwohnung sowie dörfliche Bürgerhäuser. Funktions-bauten wie Schule, Spritzenhaus oder Fotoatelier spiegeln das Leben in der Gemeinschaft.

Einzelne Bauten geben – von jüngeren Zutaten befreit – ein Bild ihrer Erbauungszeit wieder, andere werden in einem Zu-stand gezeigt, wie er nach Jahrhunderte langer Nutzung aus-sieht. Funktionale Zusammenhänge werden dadurch erkenn-bar, dass in den Häusern alle Gegenstände am angestammten Platz und im ursprünglichen Zusammenhang stehen.

Kaltblüter und Bentheimer Schweine im Freilichtmuseum Detmold.

Die ganze Pracht bäuerlicher Architektur wird dargestellt.

WEWELSBURG
Bischofsburg und SS-Kultstätte

▶ Infos
Kreismuseum Wewelsburg
Burgwall 19
33142 Büren-Wewelsburg
Tel. 02955 / 76220
Fax 02955 / 762222
kreismuseum.wewelsburg@
t-online.de
www.wewelsburg.de
Öffnungszeiten:
Di-Fr 10-17 Uhr,
Sa/So/Fei 10-18 Uhr
Eintritt:
Der Besuch der Dokumenta-
tion „Wewelsburg 1933–1945.
Kult- und Terrorstätte der SS"
ist kostenlos

Von den Paderborner Fürstbischöfen als einzige Dreiecks-
burganlage Deutschlands während des 17. Jahrhunderts errichtet, gelangte die Wewelsburg durch den Reichsführer SS,
Heinrich Himmler, zu trauriger Berühmtheit. 1934 mietete
er den Bau für eine symbolische Reichsmark für 100 Jahre.
Hier sollte eine nordische Akademie für ausgesuchte SS-Wis-
senschaftler entstehen. Ausgewählte Forscher stellten hier
pseudowissenschaftliche Zweckuntersuchungen in germa-
nischer Geschichte, Ahnen- und Volkskunde an. Ihre Ergebnisse sollten die rassistisch-völkische Ideologie der National-
sozialisten untermauern.

Später plante Himmler, die Wewelsburg zu einem ideolo-
gisch-religiösen Zentrum, zu einer SS-Kultstätte auszubauen.
Im Keller des Nordturmes wurde die ehemalige Zisterne zur
sogenannten Gruft umgebaut. Hier sollten möglicherweise
verstorbene SS-Führer geehrt werden.

Die Kultstätte der SS in
der Wewelsburg erzeugt
Gänsehaut.

Von den Paderborner Fürstbischöfen als einzige Dreiecksburg Deutschlands gebaut.

Die ehemalige fürstbischöfliche Kapelle im Erdgeschoss des Nordturmes sollte nach Himmlers Plänen als SS-Obergruppenführersaal dienen. In der Mitte des Raumes entstand ein Fußbodenmosaik in Form eines Sonnenrades, das bis heute in rechtsextremen Kreisen als „schwarze Sonne" bezeichnet wird.

Um die Arbeiten an der Wewelsburg auszuführen, richtete die SS in unmittelbarer Nähe der Wewelsburg das KZ Niederhagen ein. Die Häftling mussten das Lager selbst bauen. Das KZ Niederhagen war das kleinste selbständige Konzentrationslager im deutschen Reich und das einzige auf dem Gebiet des späteren Bundeslandes Nordrhein-Westfalen. Es diente nur einem Zweck: dem Ausbau der Kultstätte auf der Wewelsburg nach Plänen Himmlers. Insgesamt waren in Niederhagen 3 900 Häftlinge interniert, 1 290 starben durch mangelnde Ernährung, sadistische Quälereien und Überanstrengung durch extrem harte Arbeit.

EXTERNSTEINE
Germanische Kultstätte und Observatorium

▶ Infos
Stadtmarketing
Horn-Bad Meinberg
Parkstraße 2
32805 Horn-Bad Meinberg
Tel. 05234 / 98903
Fax 05234 / 9577
stadtmarketing@horn-badmeinberg.de
www.horn-badmeinberg.de

Die Externsteine bei Horn-Bad Meinberg in Lippe sind eine kreidezeitliche Felsformation aus dem in Ostwestfalen vorkommenden Osningsandstein. Zeit und Wetter haben das Sediment zwischen den Felsen ausgewaschen, so dass sie nun einzeln steilaufragend am schmalen Durchgang zwischen den Hängen Bärenstein und Knickenhagen im Teutoburger Wald stehen.

Als markanter Geländepunkt mögen die Externsteine bereits während der Steinzeit für unsere Vorfahren Bedeutung besessen haben, sei es aus kultischen Gründen, um Schutz zu finden oder als Ausguck nach Wild. Wie Feuerstein-Geräte, Stielspitzen, Klingen und Steinschlagplätze aus der späten Altsteinzeit beweisen, haben sich die Menschen am Fuß der Felsen bereits um etwa 10000 v. Chr. aufgehalten. Auch von Jägern und Sammlern der Mittelsteinzeit um 8000 bis 4000 v. Chr. gibt es Belegfunde. Hingegen fehlen gesicherte Funde des Menschen der Jungsteinzeit, Bronze- und Eisenzeit.

Diese Ergebnisse brachten intensive archäologische Untersuchungen, die ebenso mittelalterliche Keramikfunde aus dem 10. bis 14. Jahrhundert zu Tage förderten. Dennoch sind die Externsteine seit Jahrhunderten Gegenstand widersprüchlicher Deutungen. Sie verbinden bizarre Naturformen mit Zeugnissen menschlicher Kultur: In den Fels geschlagene Treppen und Räume, sich überschneidende Bearbeitungsspuren am Sargfelsen, das Großrelief der Kreuzabnahme und andere Skulpturen, Inschriften und Zeichen bis zu Gebäuderesten aus dem Mittelalter.

1823 wurde die obere Kapelle, auch Höhenkammer genannt, erstmalig als Stätte zur Beobachtung der Gestirne bezeichnet. Auf ältere Vorstellungen zurückgreifend entwickelte Wilhelm Teudt um 1925 seine Theorie über germanische Heiligtümer. Neben astronomischen Besonderheiten sollten sich die Externsteine durch eine ungewöhnlich intensive Erdstrahlung auszeichnen.

Das Kreuzabnahme-Relief als Kernstück der Anlage ist um 1150 entstanden und steht damit am Anfang der christlichen Monumentalplastik. Es ist das bedeutendste Zeugnis seiner Art in ganz Nordwesteuropa. Seine Vorbilder sind in den Miniaturen byzantinischer Elfenbeinschnitzerei und der frühen Buchmalerei zu suchen. In der Gestaltung der Hauptfiguren, die in zeitgenössischer sächsisch-fränkischer Tracht dargestellt sind, und in der Gesamtkomposition zeigt sich ein überragender Meister, der die starren Formen der Vorbilder überwunden und sein Kunstwerk den Verhältnissen in der freien Natur angepasst hat.

Das Vorgeschichtsdenkmal
Externsteine gibt immer noch
Rätsel auf.

SÜDLICHES WESTFALEN

Das Land der tausend Berge ist reich an alten, ja uralten Denkmälern. In der Balver Höhle hinterließen die Neandertaler Zeugnisse, die bis 80 000 Jahre zurückreichen. Doch es gibt auch Zeugnisse von hohem literarischen Wert, wie den Bökerhof in Bökendorf, in dem Annette von Droste-Hülshoff, die Brüder Grimm, die Brüder Haxthausen und Achim von Arnim zu Gast waren. Alte Kirchen, die Attahöhle und die Eresburg, auf der die Irminsul stand, vervollständigen das Bild.

HÖNNETAL
Im Tal der ersten Menschen

▶ Infos

Balver Höhle
Helle 2
58802 Balve
Zufahrt:
Anfahrt von Norden über die
Bundesstraße B 515/229 bis
Ortseingang Balve.
Die Höhle befindet sich auf
der linken Seite. Parkplätze
sind reichlich vorhanden.

Festspiele Balver Höhle
Tel. 02375 / 1030
Fax 02375 / 203545
info@festspiele-balver-
hoehle.de
www.festspiele-balver-
hoehle.de

Nirgendwo sonst in Nordrhein-Westfalen gibt es so viele Höhlen wie im Tal der Hönne. Die größte, die Balver Höhle, war der bedeutendste Beutesammelplatz der Kultur der Neandertaler. Aber auch die anderen haben es in sich, wie auch die weiteren Geschichtsdenkmäler, die allesamt Geschichte(n) zu erzählen haben.

Besonders in dem Abschnitt, in dem der Fluss sich wie ein Canyon in den Kalkstein gefressen hat, liegen sie in dichte Abfolge hintereinander, oder besser gesagt, sie reihen sich wie Perlen an der Schnur. Seit es Bewohner im Tal gibt, also seit der Altsteinzeit, interessieren sich Menschen für die Höhlen. Erst waren sie Raststätten der Jäger, später Begräbnis- und Kultplätze, heute sind sie wieder Gegenstand archäologischer und historischer Forschung.

Wer also Geschichte anschaulich erleben will, der macht sich auf ins Tal der Hönne. Im Mittelalter war die Hönne Grenzfluss zwischen der Grafschaft Arnsberg, respektive dem Herzogtum Westfalen und der Grafschaft Mark. Burgen wurden hüben wie drüben auf den Höhen des Tales gebaut. Eine, die Burg Klusenstein, steht noch in alter Pracht, andere sind nur noch an Erdwällen erkennbar wie in Binolen und Beckum.

In diesem frühen Industriegebiet, der Vorläuferregion des Ruhrgebietes, wurde sehr früh Erz abgebaut und so ist kein Wunder, dass sowohl mittelalterliche Rennfeueröfen als auch die älteste Hochofenanlage Deutschlands, die Luisenhütte in Wocklum, im Hönnetal gut erhalten zu finden sind.

Zeugnisse frühen Christentums kann man im Hönnetal bewundern, wie die romanischen und gotischen Hallenkirchen in Balve, Affeln, Deilinghofen und Menden mit ihrem zum Teil international bedeutenden Wandmalereien und Altären. Schließlich lässt sich am Beispiel Menden und Balve, zumindest in ihren Grundrissen, mittelalterliche Stadtwerdung nachvollziehen.

Bei Wanderungen durch das Tal sollten die Besucher einen Blick an die Geologie verschwenden. Mächtige Riffkomplexe

In der Balver Höhle trafen sich die Neandertaler zum Festschmaus.

Grabungsprofil aus
der Balver Höhle
Excavation profile
from the Balve Cave

schufen den Stoff, den später der Fluss zu eindrucksvollen Karsterscheinungen formte und zum höhlenreichsten Tal des Landes werden ließ. Bei einem Spaziergang durch das Hönnetal erlebt der Besucher mehrere hunderttausend Jahre Menschheitsgeschichte und Millionen Jahre Erdgeschichte. Jüngst wurden auf der Kalkhochfläche über dem Tal bei Beckum Dinosaurier der Kreidezeit ausgegraben.

Mit rund 30 Kilometern Länge ist die Hönne ein relativ kleiner Nebenfluss der Ruhr. Sein Einzugsgebiet beträgt runde 300 Quadratkilometern. Er überwindet bei seinem Weg von der Quelle am großen Attig bei Neuenrade bis zur Mündung in die Ruhr bei Fröndenberg eine Höhendifferenz von 310 Metern. Man muss sich vergegenwärtigen, dass die Hönne täglich 54 Tonnen gelösten Kalkes aus dem Tal hinaus trägt und weiter an der Höhlenbildung arbeitet.

Die Balver Höhle, von der schon zu Beginn des Kapitels die Rede war, ist ein Ergebnis dieser Auswaschungen. Mit ihrem maximal 18 Meter breiten und elf Meter hohen Eingang wirkt sie wie ein Tor zur Unterwelt. In und vor ihr trugen die Neandertaler vor 80 000 Jahren ihre Beute zusammen und zerteilten sie. Darunter war der viereinhalb Meter lange Stoßzahn eines Mammutbullen, der längste, der jemals weltweit gefunden worden ist.

Bild linke Seite:
Beutereste blieben zurück, wie der Stoßzahn eines Mammutbullen.

▶ **DER BESONDERE TIPP**

Balve – Im Sauerland

Die Stadt Balve liegt in Nordrhein-Westfalen, etwa 50 Kilometer südöstlich des Ruhrgebietes, mitten im Sauerland. Neben der Balver Höhle, der größten Kulturhöhle Europas, in der bei Veranstaltungen bis zu 2 300 Personen Platz finden, gibt es noch weitere Sehenswürdigkeiten in der näheren Umgebung, wie die Reckenhöhle (Tropfsteinhöhle), die Luisenhütte (älteste erhalten noch funktionstüchtige Hochofenanlage Deutschlands), der Burgberg mit seiner Wallanlage, das Schloss Wocklum und die Hallenkirche St. Blasius. Ganz in der Nähe lädt auch die Sorpe-Talsperre zum Verweilen ein.

▶ Weitere Informationen
www.balve-online.de (Link: Sehenswürdigkeiten)

LUISENHÜTTE WOCKLUM
Älteste Hochofenanlage Deutschlands

▶ Infos
Luisenhütte Wocklum
bei Schloss Wocklum
Tel. 02375 / 3134 (während
der Öffnungszeiten)
museen@maerkischer-kreis.de
www.maerkischer-kreis.de
Öffnungszeiten:
Mai bis Oktober Di-Fr 9.30-17
Uhr, Sa/So/Fei 11-18 Uhr
Buchung von Führungen:
Tel. 02352 / 966-7034
Eintritt:
4 €, 2 € (inkl. Besichtigung des
Museums für Vor- und Frühge-
schichte der Stadt Balve)

Am Rande des sauerländischen Naturparks Homert sind die geschichtlichen Wurzeln der Hüttentechnologie des benachbarten Ruhrgebiets erlebbar. In Balve-Wocklum, mitten im Hönnetal, ist eine mit Wasserkraft und Holzkohle betriebenen Hochofenanlage erhalten geblieben. Einzigartig für Deutschland kann hier ein komplettes Hüttenwerk mit Eisengießerei und Umfeld besichtigt werden. 2004 wurde die Luisenhütte Wocklum deshalb zum Denkmal von nationaler Bedeutung erklärt.

Die 1748 gegründete Luisenhütte ging 1758 erstmals in Betrieb. Nach mehreren Umbauten brachte die gräfliche Unternehmerfamilie von Landsberg-Velen die Anlage 1854/55

Die Grafen von Landsberg verhütteten in der Luisenhütte Roheisen.

Der Aufgang zum Möllerboden: Schubkarrenweise musste der Eisenstein hier herauf gekarrt werden, um den Hochofen zu beschicken.

auf den damals neuesten Stand der Technik. Sie erweiterte die Eisengießerei, vergrößerte den Hochofen und baute einen Röhrenwinderhitzer für den effektiven Betrieb des Ofens ein.

Die bedeutende Neuerung war eine Gebläse-Dampfmaschine als Ergänzung zum bereits vorhandenen Wasserrad, das zwei Kolbengebläse antrieb. Die Dampfmaschine versorgte den Hochofen mit Sauerstoff, wenn der Borkebach eingefroren oder ausgetrocknet war. So konnte der Zeitraum der Verhüttung auf acht bis neun Monate im Jahr ausgedehnt werden. Trotz dieser Möglichkeit und der hohen Qualität des Eisens musste die Luisenhütte bereits 1865 aus wirtschaftlichen Gründen still gelegt werden. Die Konkurrenz der mit Steinkohlenkoks betriebenen Hochöfen im Ruhrgebiet war mittlerweile zu groß geworden.

ATTA-HÖHLE
Märchenwelt unter der Erde

▶ Infos
Finnentroper Str. 39
57439 Attendorn
Tel. 02722 / 9375-0
Fax 02722 / 9375-25
info@atta-hoehle.de
www.atta-hoehle.de
Öffnungszeiten 2008:
Januar bis März: tägl. von
10.30 Uhr / letzter Einlass:
15.30 Uhr (7. Jan. bis 11. Feb. :
Mo Ruhetag)
April: tägl. von 10 Uhr / letzter
Einlass: 16 Uhr
Mai bis 7. September: tägl.
von 9.30 Uhr / letzter Einlass:
16.30 Uhr
8. September bis 12. Oktober:
tägl. von 10 Uhr / letzter Einlass: 16 Uhr
13. Oktober bis 31. Dezember:
tägl. von 10.30 Uhr / letzter
Einlass: 15.30 Uhr (3. Nov. bis
15. Dez.: Mo Ruhetag, 22.-31.
Dezember: geschlossen)
Eintritt:
6,50 €, 4,50 €

Entdeckt wurde die Attendorner Tropfsteinhöhle, kurz Atta-Höhle genannt, durch einen Zufall. Die Arbeiter der Biggetaler Kalkwerke trauten am 19. Juli 1907 bei Sprengungen ihren Augen nicht. Als die Staubwolke sich legte, blickten sie in einen freigelegten Felsspalt. Sie krochen hinein und sahen ein Labyrinth aus schönsten Tropfsteingebilden, steinernen Vorhängen und riesigen Säulen. Mit 1 800 Meter begehbaren Gängen und 1986 weiteren für den Publikumsverkehr nicht zugänglichen 6 000 Metern ist die Atta-Höhle die größte Schauhöhle in Deutschland.

Jedes Jahr ergötzen sich 350 000 Touristen an der unterirdischen Zauberwelt. Mit der Eröffnung 1907 als Schauhöhle ist die Atta-Höhle nicht nur das größte deutsche Naturwunder, sondern gleichzeitig die Keimzelle des Tourismus in Südwestfalen. 2007 feierte die Höhle ihr 100-jähriges Bestehen als Touristenmagnet. Zum Jubiläum wurde eine kuriose Weltkarte präsentiert, die an allen Ecken und Enden markiert ist mit unzähligen Münzen, die Besucher in den Jahren in die kristallklaren Höhlenseen geworfen hatten. Die Münzen stammten aus allen Teilen der Welt.

Sinter und Tropfstein schaffen eine Zauberwelt unter der Erde.

Grandiose Tropfsteingebilde machen die Atta-Höhle zu einem der schönsten Schauplätze im Land.

▶ DER BESONDERE TIPP

Die Gesundheitsgrotte befindet sich 50 Meter unter der Erdoberfläche in der Atta-Höhle. Die faszinierende Stille der Grotte, die fantastische Lichtstimmung, die Ausstattung mit Ruheliegen laden zum Erholen ein. Diese einmalige Atmosphäre sichert Entspannung und Wohlbefinden.

Was die Höhlenluft heilen kann:
- Asthma bronchiale mit Überempfindlichkeit gegen Staub, Haare, Federn, etc.
- Chronische Bronchitis
- Neurodermitis
- Heuschnupfen (in der Pollenflugzeit)
- Schlafstörungen
- Stärkung der Abwehrkräfte
- Stressbewältigung und Entspannung

BRUCHHAUSER STEINE
Vulkane und Wanderfalken

Die Bruchhauser Steine auf dem 760 Meter hohen Istenberg bei Olsberg sind weit über das Sauerland sichtbar und als Wahrzeichen des oberen Sauerlandes zu bezeichnen. Sowohl erd- als auch kulturgeschichtlich sind sie interessant und für Besucher mit Spazierwegen und Infotafeln gut erschlossen.

Zu Füßen der Felsen befinden sich Überreste eines Ringwalls einer vorgeschichtlichen Anlage. Die Steine selbst verdanken ihre Entstehung untermeerischem Vulkanismus – Relikte eines Vulkans, der vor rund 385 Millionen ausbrach. Quarzreiche Lava drang empor und diese zähflüssige Schmelze erstarrte domartig über der Ausbruchstelle.

Mit nahezu 92 Metern über Gelände ist der Bornstein der imposanteste Felsen der Bruchhauser Steine. Der Feldstein, ein anderer Felsen der Gruppe, ist über gesicherte Felsstufen zu ersteigen. Von dort ergibt sich ein Rundblick über die Sauerländer Berge bis ins Münsterland. Bei günstiger Fernsicht ist sogar der Teutoburger Wald zu erkennen.

In den Steinen brütet der seltene Wanderfalke, und eine ebenso seltene Flora macht die Bruchhauser Steine zu einem Mekka für Botaniker. Die Felsgruppe ist als Bodendenkmal geschützt.

► Infos
Bruchhauser Steine
Stiftung Bruchhauser Steine
der Freiherr von Fürstenberg-
Gaugreben'schen Verwaltung
Tel. 02962 / 97670
Fax 02962 / 976729
info@Stiftung-Bruchhauser-
Steine.de
www.fuerstenberg-gaugrebe.de
Zufahrt:
Die Bruchhauser Steine
liegen etwa einen Kilometer
nordöstlich von Bruchhausen
und erheben sich deutlich über
die Landschaft

Vulkanfelsen im Sauerland: Die Bruchhauser Steine faszinierten schon die Menschen in der Frühzeit.

PFARRKIRCHE VON BERGHAUSEN
Romanische Apsismalerei mit Glücksgöttin Fortuna

▶ Infos
Kirche in Berghausen
Alt-Wormbach 15
57392 Schmallenberg-
Wormbach
Pfarramt Berghausen
Tel. / Fax 02972 / 6429

Im Chor der um 1200 erbauten romanischen Kirche in Berghausen in Sauerland dreht unter anderem die Göttin Fortuna das Glücksrad. Dieses Motiv gehört zu einer der am vollständigsten erhaltenen Apsismalereien überhaupt. Man sieht es dem kleinen schlichten Kirchlein auf der Anhöhe des Dorfes nicht an, welchen Schatz es innen beherbergt. Die Apsismalerein gehören zum „rhythmisch fließenden, formzeichnenden Stil des frühen 13. Jahrhunderts" in Deutschland. Die Berghausener Malerei gilt als eines der wenigen gut erhaltenen und nicht durch Übermalung verdorbenen Werke der romanischen Wandmalerei in Deutschland dieser Stilepoche. Die Wandmalereien sind beeinflusst von den Werkstätten des Klosters Helmarshausen. Dieser Umstand muss noch näher untersucht werden.

Von den Motiven der Wandmalerei sei hier auf die Darstellung der alttestamentarischen Szene mit Moses hingewiesen, der die 12 Fürsten Israels auf das Wunder des grünenden Aronstabes aufmerksam macht, welcher als einziger von den 12 dargebrachten Stäben wieder ausgeschlagen ist.

In der Kirche in Berghausen sind vollständige mittelalterliche Wandfresken zu sehen.

Von besonderem Rang, weil selten anderswo erhalten, ist die Darstellung der Fortuna, die das Rad der Zeit dreht. Links vom Rad sieht man den einen Kaiser in seiner Herrlichkeit, rechts den anderen Kaiser, der gesenkten Hauptes seine Krone verliert – eine Erinnerung an den Kaiserstreit zwischen Friedrich von Schwaben und Otto von Braunschweig. An das Rad klammert sich ein Knabe, der die Fortuna anstarrt und alles von ihr erwartet. Doch die Fortuna schaut mitleidlos und blind über alles hinweg. Das Rad der Fortuna gibt es an der Außenfassade des Baseler Doms und an der Kirche in Beauvais.

Interessant ist das kleine Fenster rechts vom Hochaltar, denn es bietet außerhalb der Kirche eine Kniemöglichkeit. Eine Chance für Aussätzige, die Kommunion getrennt von den Kirchenbesuchern zu empfangen.

Die Fresken sind von der Malschule des Klosters Helmershausen beeinflusst.

ST. PETER UND PAUL IN WORMBACH
Tierkreiszeichen unter der Decke

► Infos
Kirche in Wormbach
Alt-Wormbach 15
57392 Schmallenberg-
Wormbach
Pfarramt Wormbach
Tel. / Fax 02972 / 6429

Die Pfarrkirche St. Peter und Paul im sauerländischen Wormbach ist nicht nur eine romanische Hallenkirche und deswe-
gen unter Kunstliebhabern als Besuchsziel sehr begehrt, sondern hat auch einen Ruf durch seinen schönen Kirchhof, auf
dem alle Gräber so genannte gedachte Holzkreuze tragen.
Das Innere der Kirche birgt eine kunsthistorisch wertvolle
Ausstattung. Die strenge Gespanntheit der ursprünglichen
Komposition löst sich auf in barocke Pracht und spätroma-
nische Dekorationsmalerei. Das Schiff mit seinen Gewölbe-
stützen, den vorgelegten Halbsäulen und deren Knospenka-
pitellen trägt zum Gesamteindruck der Ausmalung ebenso
bei wie das Gewölbe, dessen Grate und die halbrund ausge-
nischten Seitenapsiden. Da überziehen buntfarbig dünne

Den „schönsten Kirchhof der Welt" nennen die Wormbacher ihren Friedhof um
die alte Kirche.

Der besondere Reiz: Alle Grabkreuze sind „gedacht".

Ranken- und Lebensbäumchen, Begleit- und Ornamentbänder, Palmetten und Marmorquaderungen das oft recht spröde Gestein, und unter dem Mittelschiffgewölbe breitet sich mit den gemalten Schlusssteinen von Sonne, Mond und Sternen und den Tierkreiszeichen das ganze Himmelszelt aus.

Leider wird die Apsismalerei durch den Hochaltar verdeckt, die im Dehio so beschrieben wird: „Figurenreiche Weltgerichtsdarstellung im fließenden Stil des 1. Viertel des 13. Jahrhunderts: in der Kalotte thronender Christus in der Mandorla, von den flankierenden Engeln halten die beiden mittleren ein großes Kreuz vor seinen Schoß. In den folgenden Streifen zu seiten des Fensters die sitzenden Apostel mit Maria und Gerichtsengeln, darunter Auferstehende, Zug der Seligen und Verdammten."

Die Kirche in Wormbach mit dem „schönsten Friedhof der Welt", von Linden eingerahmt, ist eines der kunsthistorischen Kleinode Westfalens.

ERESBURG IN MARSBERG
Auf dem Berg stand die Irminsul

▶ Infos
Stadtmarketing Marsberg
Lillers-Straße 3
Tel. 02992 / 8200 u. 3388
Fax 02992 / 1461
info@stadtmarketig-
marsberg.de
www.marsberg.de

Wer von Marsberg im Hochsauerland spricht, denkt unweiger-
lich an die Irminsul, das legendäre Heiligtum der Sachsen, das
auf der Eresburg im heutigen Stadtteil Obermarsberg stand. Die
Irminsul wird eine Holzsäule als Symbol für die Weltsäule, die
mit der Weltesche den Himmel trägt, gewesen sein. 772 rückte
Karl der Große mit seinen Truppen an, ließ die Irminsul fällen
und legte die Eresburg, eine der Hauptfesten der Sachsen, in
Schutt und Asche. Mit der Zerstörung der Irminsul traf Karl die
Sachsen ins Herz, sie war eines ihrer wichtigsten Heiligtümer.
Die Eresburg schützte auch ein wichtiges mittelalterliches Industriegebiet bei Niedermarsberg an der Diemel, das von 1999
bis 2001 von Archäologen des Landschaftsverbandes Westfalen-
Lippe ausgegraben wurde. Die Kupfererzlagerstätten um Marsberg gehörten mit Harz und Schwarzwald zu den bedeutendsten in Mitteleuropa und waren für die Rohstoffversorgung weit
über Westfalen wichtig.

In Marsberg ist noch der
„Pranger" erhalten, ein
Instrument der Gerichts-
barkeit.

Die Archäologen fanden mehr als 30 Verhüttungsöfen, dazu Grundrisse von Wohnhäusern, Speichern und Nebengebäuden, in denen Handwerker arbeiteten, darüber hinaus Waffenteile, eine Lanzenspitze, eine eiserne Pfeilspitze und sogar eine Kampfaxt. Die Funde sind in die Zeit seit dem 7. Jahrhundert zu datieren.

Bis ins 19. Jahrhundert hieß die Stadt Marsberg auch Stadtberge. Woher der Name Marsberg stammt, ist letztlich nicht geklärt. Sehr wahrscheinlich leitet sich der Name von „tom Eresberg" ab. Eine weitere Möglichkeit ist die Ableitung des Namens vom germanischen Volksstamm der Marser. Die Marser waren ein kleiner Stamm, der zwischen Rhein, Ruhr und Lippe siedelte. Die heutigen Ortschaften Marsberg, Obermarsberg und Volkmarsen (liegt schon in Nordhessen) tragen noch den Namen dieses Stammes in ihren Ortsnamen.

Durch Eresburg und Irminsul war der Ort eines der ersten Ziele während der Sachsenkriege durch Karl den Großen. Burg und Heiligtum wurden zerstört und an ihrer Stelle eine der ersten Kirchen und eines der ersten Klöster in Westfalen überhaupt gebaut, von dem aus die Umgebung christianisiert wurde. Zeitweise war die Eresburg auch eine kaiserliche Pfalz.

Unterhalb der Burg entwickelte sich die Siedlung Obermarsberg. Marsberg besaß das Münzrecht vom Kloster Corvey aus dem Jahr 900. In der Marsberger Stiftskirche endete der Streit des Königs Otto I. mit seinem Halbbruder Thankmar auf grausame Weise: Ein durch ein Seitenfenster der Kirche geworfener Speer tötete Thankmar am Altar.

Im Dreißigjährigen Krieg wurde Marsberg von den Truppen des schwedischen Generals Wrangel beschossen und eingenommen. In der Folge dieser Zerstörung ließ die Bedeutung Obermarsbergs deutlich nach. Allerdings blieb die Altstadt weitgehend er halten. Obermarsberg ist einer der wenigen Orte, die noch über einen Pranger verfügen, ein Instrument zur Ahndung der im Mittelalter verhängten Strafen. Die Delinquenten wurden im Pranger öffentlich zur Schau gestellt und gedemütigt.

Eine der wichtigsten Sehenswürdigkeiten in Obermarsberg ist die Stiftskirche Peter und Paul, die 785 von Karl dem Großen als steinerne Basilika errichtet worden ist. 772 ließ der Frankenkönig an dieser Stelle die erste, wahrscheinlich hölzerne Kirche errichten.

HAUS BÖKERHOF
Hier fand die Droste
den Stoff für die „Judenbuche"

▶ Infos
Haus Bökerhof
33034 Brakel-Bökendorf
Kreis Höxter
Informationen zu Füh-
rungen und Veranstal-
tungen:
Tel. 05251 / 603093
Fax 05251 / 604202
www.boekerhof.de
Öffnungszeiten:
1.-22. Juli und 12.-26. August jeweils So 14-17 Uhr
Eintritt:
1 €, Außenanlagen frei
Zufahrt:
Den Bökerhof erreicht man
über die A44 von Dortmund
nach Kassel über die Ab-
fahrt Diemelstadt. Von dort
über die B 252 über Scher-
fede Richtung Brakel, weiter Richtung Lemgo bis Ab-
zweig „Bökendorf". Über die
Landstraße nach Bellersen
und Bökendorf. Der Böker-
hof liegt dann am Ortsaus-
gang rechts.

Haus Bökerhof in Bökendorf nimmt eine besondere Stellung
nicht nur als Baudenkmal ein, sondern besitzt auch literatur-
geschichtlich einen außergewöhnlichen Ruf. Im Bökerhof
trafen sich die Brüder Grimm, Annette von Droste-Hülshoff,
die Brüder Haxthausen, Achim von Arnim und andere Grö-
ßen der Literatur. Der Großvater der Droste von der nahen
Abbenburg lieferte den Stoff für die berühmte Novelle „Die
Judenbuche".

Die Familie von Haxthausen gehörte zu den vier adeligen
Säulen des Fürstentums Paderborn. Sie hatten das Erbhof-
meisteramt inne und übten in der Gegend von Bökendorf
die niedere Gerichtsbarkeit aus. Zu Beginn des 14. Jahrhunderts wurden die Haxthausen vom Paderborner Fürstbischof
mit den Gütern Abbenburg und Bökerhof belehnt.

Das zweigeschossige Herrenhaus besteht aus einem Mittel-
teil und zwei turmartigen Seitenflügeln. Das Haus wurde auf
den Ruinen einer älteren Wasseranlage aus dem 15. Jahrhundert erbaut. Auch die Gartenanlage mit Laubengang ist sehenswert.

1772 wurde auf dem Bökerhof die Mutter der Droste, Therese
Luise von Haxthausen geboren, die 1793 Clemens August
von Droste-Hülshoff heiratete. 1797 wurde ihnen als zweite

Im Bökerhof in Bökendorf
erhielt die Droste Anregungen
zur Novelle „Die Judenbuche".

Tochter Annette von Droste-Hülshoff geboren, die den Bökendorfer Kreis berühmt machen sollte.

Initiatoren, Träger und Mittelpunkt des Bökendorfer Kreises waren zunächst (1780–1842) die Brüder Werner und August von Haxthausen, aber auch deren Schwestern. Zusammen bildeten sie einen Kreis literarisch ambitionierter junger Leute. Sie beteiligten sich zusammen mit den vielen Freunden und Bekannten der Familie an der Sammlung von Märchen, Sagen und literarischem Volksgut. Wilhelm Grimm kam erstmals 1811, sein Bruder Jacob 1846 nach Bökendorf. Am häufigsten war dort ihr Bruder, der Maler Ludwig Emil Grimm, zu Gast.

Weitere Besucher waren um 1820 die Dichter Heinrich Straube, August von Arnswald, August Heinrich Hoffmann von Fallersleben. Zu diesem Kreis gehörten auch die Schwes-

In diesem Salon trafen sich Annette von Droste-Hülshoff, die Brüder Grimm, Achim von Arnim und andere Literaten.

tern Jenny und Annette von Droste-Hülshoff. In vielfältigen Wechselbeziehungen entspann sich so über einige Jahre hin ein Geflecht persönlich-literarischer Wechselbeziehungen, die ihren Ausgangspunkt von Bökendorf aus nahmen.

Die Droste war häufiger Gast und beteiligte sich intensiv an den Gesprächen, was den Grimms gar nicht gut gefiel. Sie sprachen von dem „vorwitzigen" Fräulein aus dem Münsterland. Literaturhistorisch bedeutsam ist die Tatsache, dass Annette von Droste-Hülshoff im Juli 1813 durch Erzählungen ihres Großvaters Werner Adolph von Haxthausen erstmals mit dem wahren Hintergrund ihrer späteren Novelle „Die Judenbuche" konfrontiert wurde.

Innen wie außen ist der Bökerhof ein Denkmal der besonderen Art. Nach der Restaurierung zeigt der Bökerhof sein Gesicht wie zu Zeiten der Droste.

Caspar Moritz von Haxthausen, der Erbauer des Bökerhofs und Großvater der sogenannten „großen Generation", besaß die patrimoniale Gerichtsbarkeit und war Gerichtsherr auf Abbenburg. In dieser Eigenschaft hatte er den Mord an einem Juden durch einen jungen Mann aus Bellersen (Nachbardorf von Bökendorf) zu untersuchen; der Täter hat sich später am Ort des Geschehens selbst gerichtet, nämlich an der Judenbuche im Abbenburger Forst auf dem Joelskamp. Die Novelle, von der Droste nach diesem realen Stoff erzählt, brachte ihr Weltruhm ein.

Der Bökerhof ist nach gründlicher Restaurierung, die den baulichen Zustand zur Zeit des Bökendorfer Kreises wieder herstellte, als Museum eingerichtet.

MÜNSTERLAND

Mit dem Kloster und Schloss Cappenberg, dem Westfälischen Versailles in Nordkirchen, und dem Rüschhaus, gebaut von Johann Conrad Schlaun, besticht das Münsterland erst einmal durch seine historische Architektur. Dass die Münsteraner auch Genießer sind, beschreibt die Geschichte von Pinkus Müller, der ältesten Altbierbrauerei im Lande. Zudem brachten die Münsterländer die größten Ammoniten der Welt ans Tageslicht, die im Landesmuseum für Naturkunde zu bestaunen sind.

HAUS RÜSCHHAUS
Alterssitz der Droste

▶ Infos
Haus Rüschhaus
Am Rüschhaus 81
48161 Münster-Nienberge
Tel. 02533 / 1317
infi@rueschhaus.de
www.rueschhaus.de
Öffnungszeiten:
März bis November,
Führungen stündlich
Eintritt:
5 €, 2,50 €

Im Herbst 1831 machte sich in Münster ein 16 Jahre junger Mann auf den Weg zum Rüschhaus, einen Brief seiner Mutter Katharina an das „Reichsfräulein" Annette von Droste-Hülshoff zu überbringen. Der schlanke junge Mann mit „einem kleinen Anstrich zum Gecken", stammte aus dem Emsland. Er war in Meppen geboren, sein Vater Paul Modestus Schücking, Richter auf dem Hümmling mit zeitweiliger Dienstwohnung auf Schloss Clemenswerth, später auf dem Ludmillenhof im benachbarten Sögel.

Die schöne Mutter des Knaben, Katharina Busch, trat in Münster als Schriftstellerin auf, etwas Unerhörtes für jene Zeit, in der Frauen still den Männern die Bühne zu bereiten hatten. Annette von Droste-Hülshoff sah in Katharina Busch ein Vorbild, denn auch das adelige Fräulein vom Schloss Hülshoff erzählte gern Geschichten und fasste sie in poetische Form.

Als der 16-jährige Junge aus dem Emsland den einsamen Weg von Münster durch Heiden und Moore zum Rüschhaus wanderte, dem Alterssitz Luise Therese von Droste-Hülshoff, der Mutter der Dichterin, den sie gemeinsam mit ihren Töchtern Jenny und Annette 1826 bezogen hatte, bahnte sich eine schicksalhafte Begegnung an. Generationen von Literaturhistorikern haben darüber gestritten, ob sich auf dem adeligen Landsitz Rüschhaus in jenem Herbst 1831 eine Liebesbeziehung der 34 Jahre alten Droste zum jungen Spund Levin Schücking anbahnte, oder ob es eher einem Mutter-Sohn-Verhältnis ähnlich war. Der Streit dauert an und ist in der Tat nicht leicht zu beenden, weil die vornehmlich literarischen Zeugnisse der Droste und Schückings eher eine Liebesbeziehung annehmen lassen, die brieflichen dagegen entweder die Liebesbeziehung verschleiern oder das Mutter-Sohn-Verhältnis bestätigen.

Ihre Novelle „Die Judenbuche" – Schauplatz ist das Paderborner Land – ist sogar ins Chinesische übersetzt worden. Im einsam gelegenen Rüschhaus nahe bei Münster, ihrem

Von Schlaun gebaut, von der Droste und ihrer Mutter als Alterssitz bewohnt.

Das berühmte „Schnecken-
haus", das Arbeitszimmer der
Droste.

„Schneckenhäuschen", wie sie es selbst nannte, entstand die
berühmteste Kriminalgeschichte der Literatur. Die Vorlage
dazu fand sie in den Papieren des Großvaters, der Friedens-
richter in Bökendorf war.

Verweilen wir einige Momente unter dem Turm von Schloss
Hülshoff und vor der prächtigen Barockfassade des von Conrad Schlaun geschaffenen Rüschhauses. Dennoch war dieses
Haus ein landwirtschaftliches Anwesen, denn nach dem Tod
des Vaters mussten Annette und Jenny von Droste-Hülshoff
gemeinsam mit der Mutter hier auf dem Alterssitz ihren
Lebensunterhalt bestreiten. Dazu wurden Kühe und Schweine
gehalten, Felder bestellt und der Nutzgarten gepflegt. Eine
Menge Arbeit, der Annette von Droste-Hülshoff Stunden
stehlen musste, um ihrer selbstgewählten und von Schücking
geförderten Berufung als Schriftstellerin nachzukommen.
Von ihrer Begabung war sie überzeugt und wurde darin von
Kritikern und anderen Poeten bestärkt. Vor allem der junge
Schücking, der sich in der Literaturszene sicher bewegte, war
unermüdlicher Förderer der Droste.

Annette von Droste-Hülshoff mit der typischen Frisur und den „merkwürdigen" Augen. Sie litt an einer Augenkrankheit, die auch nach ihr benannt ist.

Die Droste berichtete in Gedichten und Briefen über das Leben auf Hülshoff und Rüschhaus. Ein besonderes Vergnügen für Literaturfreunde dürfte es sein, den Weg von Hülshoff zum Rüschhaus und zurück zu laufen, den Weg, den die Droste so oft gegangen ist und den auch ihr Besuch gehen musste.

Aus dem ersten Besuch Levin Schückings auf Rüschhaus an einem Dienstag wurden die regelmäßigen Dienstagsspaziergänge, die Schücking in seinen Lebenserinnerungen festgehalten hat: „Einmal in jeder Woche, am Dienstage, wanderte ich nach Tisch zu ihr hinaus, über Ackerkämpe, kleine Heiden und durch ein Gehölz, an dessen Ende ich oft ihre zierliche kleine Gestalt wahrnahm, wie sie ihre blonden Locken ohne Kopfbedeckung dem Spiel des Windes überließ, auf

Ein Aquarell, gemalt von der Droste-Schwester Jenny, zeigt die blonden Locken, von denen Levin Schücking schwärmte.

einer alten Holzbank saß und mit einem Fernrohr nach dem
Kommenden ausblickte."

Die Droste ging diesen Weg oft seit ihrem Umzug ins Rüschhaus und sie legte ihn oft zu Fuß zurück und nicht nur, wenn
der Pferdewagen wegen schlechter Wegeverhältnisse nicht
fahren konnte. Übrig geblieben ist die Allee, die vom Rüschhaus wegführt, Teile der Rüschhauser Heide, zu Zeiten der
Droste noch echte Heidelandschaft, heute von der Autobahn
Hansalinie gnadenlos zerschnitten. Ehemals zu Hülshoff ge-
hörenden Bauernhöfe markieren den Weg der Dichterin und
teilweise sind die Wallhecken und Wassergräben noch erhalten, an deren Rändern die Droste Pflanzen ausgrub, um sie
im Korb nach Rüschhaus zu tragen und dort wieder in die
Erde zu bringen.

Kurz bevor Haus Hülshoff erreicht wird, sieht der Wanderer
den Kirchturm von Roxel. In dem kleinen Gotteshaus spielte
die Droste dann und wann Orgel, und auf dem Kirchhof liegen Vater und Bruder begraben. Lohnenswert sind die Abstecher an der „Krummen Becke" entlang, die die Droste
manchmal unternahm, bevor sie auf Hülshoff einkehrte.

PINKUS MÜLLER
Die Legende lebt
seit fast 200 Jahren

▶ Infos
Brauerei Pinkus Müller
Kreuzstraße 4-10
48143 Münster
Tel. 0251 / 45151
Fax 0251 / 57136
info@pinkus-mueller.de
www.pinkus-mueller.de
Öffnungszeiten
der Gaststätte:
Mo-Sa 12-24 Uhr,
Küche bis 23.30 Uhr,
So/Fei geschlossen

Vormals gab es im westfälischen Münster150 Altbierbrauereien, übrig ist eine und bestimmt die berühmteste: die legendäre Brauerei Pinkus Müller. Pinkus-Bier steht für Tradition, Qualität und Münster. „Wenn Di't geföllt, nimm't met!", könnte Pinkus seinen Gästen zugerufen haben. Und sie nahmen und nehmen immer noch reichlich mit, denn seit Pinkus Müller auf ökologische Produktion umgestellt hat, schmeckt es den Freunden des Alt und der anderen im Hause gebrauten Sorten scheinbar noch besser. Mehr als 20.000 Hektoliter Bier produziert die Pinkus-Brauerei im Jahr, davon werden 80 Prozent in Flaschen abgefüllt. Den Rest zapfen Münsters Wirte für Einheimische und Touristen, Studenten und Pensionäre, Geschäftsleute, Dienstreisende und Stammgäste. Als der Braubetrieb vor 27 Jahren von Hans Müller auf Bio-Produktion umgestellt wurde, war die Pinkus-Brauerei die erste Bio-Brauerei in Deutschland. Doch eines nach dem anderen. Schauen wir erst einmal in die Geschichte des Münsteraner Traditionsunternehmens.

Seit inzwischen 199 Jahren, fast zwei Jahrhunderte mit der nun heranwachsenden 7. Generation, gibt es die Altbierbrauerei Pinkus Müller. Als im Jahre 1816 Johannes Müller aus Hildebrandshausen im Eichsfeld nach Münster kam, heiratete er Friederika Cramer aus dem sauerländischen Brilon und betrieb mit ihr neben der Schokoladenfabrikation und Schwarzbrotbäckerei die Altbierbrauerei in der Kreuzstraße. In diesen Jahren erlebten Brauerei und Gaststätte einen guten Aufschwung, wurden modernisiert und weiter ausgebaut. Zahlreiche Altbierbrauer aus Münster bezogen zu dieser Zeit ihr Braumalz aus der Müllerschen Mälzerei.

Johannes ehelichte 1897 Maria Ackermann, Tochter eines Bierbrauers aus Hiltrup. Zwei Jahre später, am 19. Februar 1899, entsprang dieser Ehe ein Sohn namens Carl. Diesem Carl verdankt die Brauerei Müller den Namen „Pinkus" Mül-

Pinkus Müller schaut von der Wand auf seine Gäste in den historischen
Schankräumen der Brauerei.

ler, der später als singender Bierbrauer weit über die Grenzen Münsters hinaus bekannt werden sollte. Wir hören noch davon.

Unter Carl Pinkus und seiner Frau Regina Holtkamp, eine Gastwirtstochter, wurde mit großem Einsatz die Gaststätte Pinkus Müller aufgebaut und die Brauerei ein weiteres Mal modernisiert und erweitert. Hans, der Erstgeborene der insgesamt fünf Kinder, begann 1944 eine Brauerlehre. Nach Gesellenzeit und Studium in München kehrte er als Braumeister in den elterlichen Betrieb zurück. 1961 heiratete Hans Müller die Tochter des Bierbrauers Hans Link aus Möhringen in Baden. Aus dieser kleinen Chronik wird schon ersichtlich, dass sich die Müllers auch privat innerhalb der Branchen Gastronomie und Brauerei bewegten. Das Brauhaus wurde zum Dreimädelhaus mit den drei Töchtern Annette, Christiane und Barbara. 190? übertrug Carl Pinkus seinem Sohn Hans die Brauerei und die Gaststätten. Erneut erfuhr das Unternehmen einen enormen Aufschwung.

Die Altbierküche wurde erweitert, die „Biergalerie" und das „kleine Brauhaus" errichtet. Pinkus Müller exportierte Bier nach Europa und Übersee, die moderne Zeit hatte begonnen, spätestens seit 1998, als die jüngste Tochter Barbara Gaststätte und Brauerei von ihren Eltern übernahm. Zusammen mit ihrem Ehemann, dem Brauereiingenieur Friedhelm

Bild rechte Seite:
Auf die Feinabstimmung
kommt es an.

Im Sudkeller der Brauerei, der
einzigen, die Biobier braut.

Langfeld aus Bocholt, sorgt sie an der Seite von Hans und Annemarie Müller und einem Team von hervorragenden Mitarbeitern für das Wohl der Gäste und zufriedenen Bierkunden in aller Welt.

Ich denke, jetzt ist es an der Zeit, das Geheimnis zu lüften, wie Carl Müller zu seinem zweiten Vornamen „Pinkus" kam. Es war an einem lauen Sommerabend in einem der ersten Jahre unseres Jahrhunderts, als der junge Carl Müller und einige seiner Freunde nach einem lustigen Altbierabend über die Promenade heimwärts zogen. Sie hatten einen „Bullenkopp" Alt zu sich genommen – das sind immerhin sechs Liter Bier. Nun ist dem Altbier eine wohltuende, gesunde Wirkung zu eigen, nämlich die Anregung der Nieren- und Blasenfunktion; eine Tatsache, die angesichts fehlender öffentlicher Bedürfnisanstalten zum Problem werden kann. Im jugendlichen Übermut beschlossen die jungen Herren, Notwendiges mit Nonsens zu verbinden und eine Gaslaterne an der Promenade auf eigenwillige Weise zu löschen. Als die Reihe an Carl Müller war, zischt die „Latüchte" und verlosch – er war durch seine Zielsicherheit und die entschlossene Führung des Strahls zum unumstrittenen und bewunderten Sieger dieses Wettbewerbs geworden. Und er hatte seinen Spitznamen weg; Pinkus – und dabei ist es bis heute geblieben.

Wer heute in Pinkus Müllers urgemütlichen Räumen sitzt, wird auf Schritt und Tritt an Carl Pinkus Müller erinnert. Die vielen historischen Gemälde und Fotografien, die Sprüche und Weisheiten auf den schweren eichenen Deckenbalken und die zerfurchten Tische, in die Generationen von Bierliebhabern ihre geistigen Ergüsse schnitzen durften – das alles geht auf Pinkus Müller zurück. Der singende Bierbrauer hat das heutige Erscheinungsbild seines Gasthauses entscheidend geprägt, und ältere Gäste behaupten steif und fest, dass es oft so ist, als säße er mit am Tisch. Pinkus Müller, diese urgemütliche Institution, gehört zu Münster wie Dom und Rathaus, wie Lambertikirche und Universität.

Die Leidenschaft von Pinkus Müller war geteilt: Einerseits gehörte sie dem Bierbrauen, andererseits dem Operngesang. Schon während der Spielzeit 1922/23 wirkte er im Stadt-

Gemütlichkeit ist Trumpf bei
Pinkus Müller.

theater Münster bei der Aufführung von Mozarts „Zauber-
flöte" als „1. Geharnischter" mit. In München, wo er Brau-
ereiwesen studierte, wurde der erfolgreiche Kammersänger
Knote auf das Potential des jungen Mannes aufmerksam und
gab ihm Übungsstunden. So kam es, dass Pinkus Müller für
die Eröffnung des Rundfunksenders „Münster auf Welle
407" engagiert wurde. Von da an folgten in regelmäßigen Ab-
ständen Radioübertragungen von Liederabenden, Konzerten
mit Oratorien. Unzählige Male stand Pinkus Müller auf den
Bühnen in München, Berlin und den Niederlanden. 1925
erhielt er sein Braumeister-Diplom, und nach seiner Rück-
kehr nach Münster widmete er sich seiner künstlerischen
Laufbahn ebenso intensiv wie der Bierbrauerei.

SCHLOSS CAPPENBERG
Wo Klosterbrüder Wein anbauten

▶ Infos
Schloss Cappenberg
Freiherr-vom-Stein-Straße
59379 Selm
Tel. 02306 / 71170
Fax 02306 / 758633
ulrich.gockeln@kreis-unna.de
www.kreis-unna.de
Öffnungszeiten:
Di-So 10-17 Uhr

1122 gründete Norbert von Xanten in Cappenberg bei Bork im Münsterland die erste Prämonstratenserniederlassung auf deutschem Boden. Die Eigner Otto und Gottfried von Cappenberg schenkten dem Orden ihre Besitzungen und traten selbst der Mönchsgemeinschaft bei. Als das Kloster Anfang des 19. Jahrhunderts aufgehoben wurde, ging es in den Besitz des Reichsfreiherrn vom und zum Stein über, der diese weitläufige Anlage als Alterssitz übernahm. Heute gehört das ehemalige Kloster und Schloss dem Kreis Unna, der es für bemerkenswerte Ausstellungszwecke nutzt. Ein besonderes Kleinod ist die 1122 gebaute Kirche, die ursprünglich als kreuzförmige Basilika angelegt war.

Auf einem Bergsporn über dem Lippetal, von dem man weit ins Land hineinsehen kann, liegt das bedeutendste historische Bauwerk und der besterhaltene historische Garten des Kreises Unna. Eingebettet in das größte zusammenhängende Waldgebiet des Kreises führen viele Wege selbst in die entlegensten Winkel der klösterlichen Kulturlandschaft.

Gleich nach der Umwandlung der Burg in ein Kloster gingen die Mönche daran, Fischteiche und Obstgärten, Weiden und Ackerflächen, Wälder, den großen Stiftsgarten und sogar einen Weinberg anzulegen. Erst 1719, nachdem sich die

Bild rechte Seite:
Auf diesen Treppen schwebt man: Aufgang im Schloss Cappenberg.

Freiherr vom Stein verlebte im Schloss Cappenberg seinen Ruhestand.

Klosterdisziplin gelockert hatte, kam der Tiergarten hinzu.
Er liegt südlich der Klosteranlage, bietet Rothirsche, Wild-
schweine und Damwild und dürfte noch den Eindruck von
damals wiedergeben. Noch aus der Klosterzeit stammen
einige alte Eichen im Stiftsgarten.
Freiherr vom Stein ließ nach eigenen Plänen Hand im Garten anlegen, ohne die Anlagen der Prämonstratensermönche
grundlegend zu verändern. Er ergänzte den Baumbestand
und zog aus exotischen Samen, die Alexander von Humboldt
ihm verehrte, neue Bäume auf dem Klosterberg.

Vom Balkon des Schlosses
aus schaut man weit ins
Ruhrgebiet hinein.

Bild linke Seite: Die ehemalige Klosterkirche in Cappenberg gehört zu den kunsthistorischen Kleinodien Nordrhein-Westfalens.

SCHLOSS NORDKIRCHEN
Westfälisches Versailles
im Münsterland

▶ Infos
Verkehrsverein Nordkirchen
Bohlenstr.2
59394 Nordkirchen
Tel. 02596 / 917-137
Fax 02596 / 917-139
w.nordkirchen@freenet.de
www.nordkirchen.de

Diese Luftaufnahme zeigt, dass Nordkirchen die Bezeichnung „Westfälisches Versailles" verdient hat.

Es wird auch das westfälische Versailles genannt, das Schloss Nordkirchen in der gleichnamigen Gemeinde im Kreis Coesfeld. Das heutige Schloss entstand in mehreren Bau-Etappen anstelle eines Wasserschlosses aus dem 13. Jahrhundert. Die Architekten Gottfried Laurenz Pictorius und Peter Pictorius schufen ein „Kunstwerk" von unvergleichlicher Schönheit. Der letzte, der Hand in Nordkirchen anlegte, war Johann Conrad Schlaun. Bauherren waren die Fürstbischöfe Friedrich Christian von Plettenberg-Lenhausen und Wilhelm Ferdinand Graf von Plettenberg.

Architekten und Bauherren folgten niederländischen Vorbildern und wählten als Hauptbaumaterial den Backstein. Die

Der Schlosspark beeindruckt durch eine Fülle von Skulpturen.

Fassaden gliederten sie mit Sandsteinelementen, typisch für die Barockarchitektur Westfalens.

Das Schloss selbst steht auf einer rechteckigen Insel und ist von einer breiten Gräfte umgeben, welche wiederum von einem begehbaren Damm begrenzt wird, um den ein weiterer Graben fließt. Die Ecken der Schlossinsel werden durch vier Pavillonbauten betont.

Der Mittelpunkt des Schlosses ist das Hauptgebäude, von dem sich die niedrigeren Flügelbauten, die unter anderem

Die Frontseite des Schlosses Nordkirchen vor den Toren Münsters in seiner ganzen Pracht. Der Park mit seinen Gärten, alten Bäumen und Skulpturen lädt ein zum Lustwandeln.

die Schlosskapelle enthalten, im rechten Winkel abzweigen. Der gesamte Baukomplex ist im höchsten Maße symmetrisch und in dieser Form ein beeindruckendes Beispiel einer komplett erhaltenen Barockanlage. Im Schlosspark begeistert der reiche Skulpturenschmuck. Das aus dem 18. Jahrhundert stammende Schloss mit seinem 170 Hektar großen Park wurde von der UNESCO als „Gesamtkunstwerk von internationalem Rang" für schutzwürdig erklärt.

Kauziger Professor
entdeckte Riesen

▶ Infos
Landesmuseum
für Naturkunde
Sentruper Straße 285
48161 Münster
Tel. 0251 / 59105
Fax 0251 / 5916098
naturkundemuseum@lwl.org
www.lwl.org/LWL/Kultur/
WMIN
Öffnungszeiten:
Di-So 9-18 Uhr
Preise:
3,50 €, 2€

Am 23. Februar 1894 entdeckte Prof. Hermann Landois, Zoologe und Gründer des Zoos und Naturkundemuseums in Münster, bei dem Dorf Seppenrade im Münsterland, den größten kreidezeitlichen Ammoniten der Welt. Ammoniten waren Meerestiere, Tintenfischen ähnlich, die ihren Weichkörper durch eine Kalkschale schützten.

Meerestiere im Münsterland? Richtig, denn zur Kreidezeit, dem Erdzeitalter mit den höchsten Meeresständen weltweit, lag auch das Münsterland unter Meeresbedeckung. In den Ozeanen vor den Toren des heutigen Münster, tummelte sich eine reiche Unterwassertierwelt, darunter solche Riesen, wie der von Prof. Hermann Landois gefundene, der immerhin einen Durchmesser von 1,74 Metern besitzt. Der Leser schmunzelt, wenn er im Jahresbericht der zoologischen Sektion des Westfälischen Provinzial-Vereins für Wissenschaft und Kunst von 1894/95 lesen muss, das im Vergleich mit dem Riesen „alle anderen Ammoniten Zwerge" seien.

Doch es gab noch mehr Riesen dieser Güte. Neben dem 1,74 Meter-Exemplar fand Landois noch ein weiteres von 1,30 Meter, und der Paläontologe Dr. Klaus-Peter Lanser vom Westfälischen Museum für Naturkunde entdeckte 1990 bei Dülmen ein Exemplar mit 1,40 Meter Durchmesser.

Der größte Ammonit der Welt aus dem Meer der Kreidezeit.

FEMEICHE IN ERLE
Mit 1 500 Jahren
der älteste Baum Deutschlands

▶ Infos
Zufahrt:
Die Femeiche liegt in der
Ortsmitte des Ortsteiles Erle
der Gemeinde Raesfeld und
ist ausgeschildert.

Im Dorf Erle am östlichen Rand des Dämmerwaldes steht in direkter Nachbarschaft der Kirche eine 1 500 Jahre alte Eiche (Quercus robur). Vielleicht ist sie der älteste Baum in Deutschland. Immerhin hatte sie schon zu Zeiten Karls des Großen mächtige Ausmaße. Vielleicht war sie ein heiliger

Femegericht und Eiche gehören zusammen: Die ca. 1 500 Jahre alte Eiche von Erle.

Baum der Germanen, die in seinem Schatten den Göttern opferten. Im Mittelalter tagte unter der Eiche das Femegericht. Gewitter und Sturm haben ihr im Laufe der vergangen 1500 Jahre sehr zugesetzt, so dass der innere Stamm zu einem riesigen Hohlraum wurde. Der Senior geht „heute an Krücken" und schlägt Jahr für Jahr wieder aus.

Von dem mächtigen Baum sind heute nur noch Bruchstücke vorhanden. Seine jetzige Gestalt erhielt er durch Sturmschäden und Schrägwuchs. Vermutlich brach der Mittelstämmling aus, so dass Wasser in den Stamm eindrang und Pilze das Kernholz zersetzten. So entstand die Höhlung. Schon vor 1892 war er abgestützt, später brachte man Eisenringe an, um die Stammteile zusammenzuhalten. Das Wurzelwerk wird regelmäßig belüftet und der Pilzbefall bekämpft.

Die sogenannte „Femeiche" in Schermbeck-Erle ist ein prachtvolles und altehrwürdiges Natur- und Geschichtsdenkmal.

▶ DER BESONDERE TIPP

Am Rande des Dämmerwaldes, eines großen zusammenhängenden Waldgebietes, liegt ein Wasserschloss, dessen Türme und Zinnen schon von Weitem in der Ebene zu sehen sind. Es ist das Schloss Raesfeld aus dem 14. bis 17. Jahrhundert, eine Synthese aus gotischen Stilelementen und denen des Barock und der Renaissance.

Im ehemaligen Tiergarten des Schlosses ist ein naturkundlicher Lehrpfad angelegt, der dem Wanderer hilfreiche Informationen zur Tier- und Pflanzenwelt des Dämmerwaldes gibt.

RUHRGEBIET

Das Ruhrgebiet verfügt nicht nur über bedeutende Industriedenkmale, sondern auch über ein Schloss, das als vermittelndes Element zwischen der niederländischen Renaissance und der Weserrenaissance gilt, das Schloss Horst in Gelsenkirchen. Auch das besterhaltenste romanische Kirchendach Westfalens findet man im Revier. Zeche Zollverein als UNESCO-Weltkulturerbe und der Landschaftspark Duisburg Nord vertreten die Industriedenkmale, die sich durch eine besondere Ästhetik auszeichnen.

ISENBURG
Burgherr ermordet Bischof

▶ Infos
Isenburg
Am Isenberg 2
Hattingen
Die Ruine ist frei zugänglich.
Das Haus „Custodis" ist für
Besucher ein Infopunkt, der
zwischen den Monaten April
und Oktober von 15-17 Uhr,
von März bis November von
14-16 Uhr geöffnet ist.

Prof. Dr. Günter Dotzauer, Leiter des Gerichtsmedizinischen Institutes der Universität Köln, versuchte im Oktober 1979 durch die Untersuchung der Knochen eines Gewaltopfers Licht in einen Kriminalfall und eine Familientragödie zu bringen, die zur Zeit der Untersuchung 754 Jahre zurücklagen. Täter und Opfer gehörten zu den angesehensten Vertretern der Eliten jener Zeit. Das Opfer war der Erzbischof zu Köln, Reichsverweser des in Palermo residierenden Kaisers Friedrich II. und Erzieher des Kaisersohnes; der andere, der

Ein „Tatort" der besonderen Art: Die Isenburg über der Ruhr bei Hattingen.

Täter und Neffe des Opfers, Spross eines aufstrebenden weltlichen Grafengeschlechtes von Altena, war durch Hochzeit mit dem Grafen von Luxemburg verwandt und selbst Herr auf der Isenburg bei Hattingen.

Der Gerichtsmediziner sollte durch die Untersuchung der Knochen des Opfers, Engelbert von Berg, Licht in die Frage bringen, ob der Tod des Bischofs eine Verkettung unglücklicher Umstände war oder geplant und gezielt durchgeführt wurde. Über den Tathergang gibt es einen sehr genauen Bericht, den der Mönch Caesarius von Heisterbach bereits 1226, also ein Jahr nach der Tat, zu Papier brachte. Einer der Mittelpunkte des Tatgeschehens war die großzügig angelegte Isenburg auf dem Felssporn hoch über der Ruhr bei Hattingen.

Im Haus Custodis befindet sich ein Informationszentrum zur Geschichte der Burg.

Burggraf der vom Erzbischof erbauten Burg wurde Friedrich, der Neffe des Bischofs, der sich ab 1217 etwas großspurig „Graf von Isenberg" nannte. Engelbert war 1216 zum Erzbischof von Köln gewählt worden. Engelbert verabredete mit seinem Neffen im November 1225 ein Treffen in Soest, um diverse Streitigkeiten beizulegen. Da sich der Erzbischof auf die Weihe einer Kirche in Schwelm vorbereiten wollte, ging er noch in Soest zur Beichte. Danach ritten Engelbert und

Vorburg und Hauptburg der riesigen Anlage sagen etwas über das Herrschaftsdenken ihres Besitzers aus.

Friedrich friedlich miteinander von Soest nach Schwelm. Arglos hatte Engelbert den größten Teil seines Gefolges nach Schwelm vorausgeschickt. Als man sich dem Lindengraben bei Gevelsberg näherte, schickte Friedrich einen Teil seiner Mannschaften nach vorn und auf die seitlichen Höhen, einen Teil ließ er zurück. Engelbert war umstellt. Auf ein Zeichen hin stürzten sich alle auf den Erzbischof. Der sprang auf sein Pferd, wurde noch am Mantelkragen herabgezogen,

konnte jedoch ins Gebüsch entkommen. Erst dort überwältigte und erschlug man ihn.

Der Kölner Gerichtsmediziner stellte etwa 40 bis 50 Einhiebe und Stiche, Knochenverletzungen durch stumpfe und scharfe Gewalt fest. Die Mörder trafen den Erzbischof am gesamten Körper, und die Knochenverletzungen belegen die Grausamkeit der Tat.

Friedrich von Isenburg wurde mit dem Kirchenbann belegt, gefangen genommen und in Köln aufs Rad geflochten.

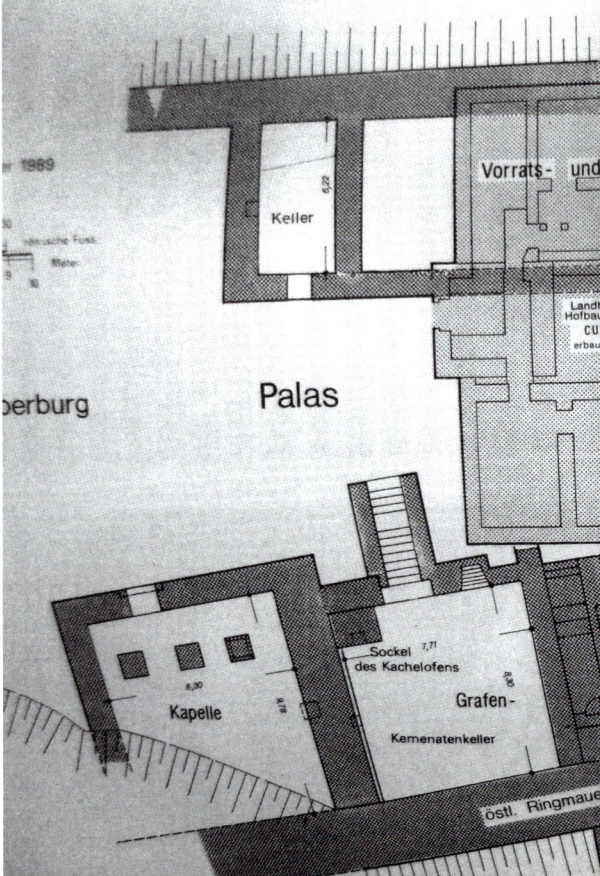

Der Plan wurde nach gründlicher archäologischer Untersuchung gefertigt.

Eines der bedeutenden Denkmäler Nordrhein-Westfalens, die Ruine der Isenburg, erinnert noch an den Mord im Lindengraben von Gevelsberg. Durch Ausgrabungen ist es heute noch möglich, die Ausmaße dieser mächtigen Feste auf dem Berg auszumachen. Sie bestand aus Unterburg mit Manufaktur- und Wirtschaftsbauten sowie aus einer Oberburg mit Bergfried, Palas und Burgschmiede. Insgesamt erstreckt sich die Anlage über 240 Meter und wird durch einen tiefen Halsgraben geschützt.

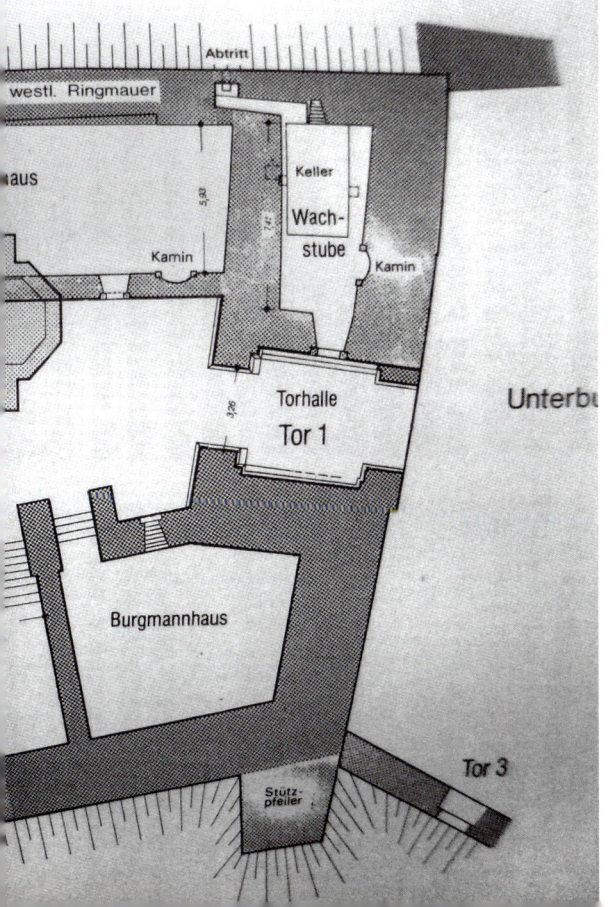

HOHENHOF
Van de Velde baute Osthaus ein „Gesamtkunstwerk"

▶ Infos
Hohenhof
Stirnband 10
58093 Hagen-Emst
Tel. 02331 / 2073138
Fax 02331 / 207402
museum@keom.de
www.keom.de
Öffnungszeiten:
Di-So 11-18 Uhr
Eintritt:
Karl Ernst Osthaus Museum:
2 €, 1 €
Hohenhof:
3 €, 1,50 €
Kombiticket:
4 €, 2 €

Zu Beginn des 20. Jahrhunderts war Hagen eines der bedeutenden Zentren der beginnenden modernen Kunst. Das war vor allem das Verdienst von Karl Ernst Osthaus, der nicht nur als Mäzen bedeutende Künstler und Kunstwerke nach Hagen holte, sondern auch selbst die neue Kunstbewegung entscheidend prägte. Er war Gründer des Folkwangmuseums.

Neben den Kunstwerken im Hagener Karl-Ernst-Osthaus-Museum und im Essener Folkwang-Museum erinnert vor allem sein Wohnhaus, der Hohenhof, an den großen Sohn der Stadt Hagen.

Der Hohenhof ist ein Baudenkmal von europäischem Rang. Er wurde 1906 bis 1908 von Henry van de Velde erbaut.

Das Gebäude gilt als eines der wenigen erhaltenen „Gesamtkunstwerke" des Jugendstils. Nach dem Willen von Osthaus sollte der Hohenhof als Zentrum der Künstlerkolonie Hohenhagen dienen, die jedoch nur in Ansätzen realisiert wurde. Nach wechselvoller Geschichte beherbergt das Haus heute, neben den in ursprünglicher Form erhaltenen und rekonstruierten Räumen, das Museum des „Hagener Impulses". Zu der Villa gehört auch der historische Park. Der Hohenhof ist eine Abteilung des Karl Ernst Osthaus Museums der Stadt Hagen.

Bild rechte Seite:
Der Architekt Henry van de Velde entwarf auch die Inneneinrichtung.

Der Hohenhof in Hagen, ein Jugendstilkunstwerk.

SCHLOSS HORST
„Steinerner Schatz" und Renaissance-Schönheit

► Infos
Schloss Horst
Turfstraße 21
45899 Gelsenkirchen
Tel. 0209 /516622
Fax 0209 / 513804
schloss.horst@gelsenkirchen.de
www.schloss-horst.de

Schloss Horst ist etwas besonderes in mehrerer Hinsicht. Einmal sorgte Bürgersinn dafür, dass dieses Denkmal von überregionaler Bedeutung der Region erhalten geblieben ist, zum anderen machte die archäologische Forschung die Entwicklung vom mittelalterlichen Hof über Holz- und Steinburgen zum Renaissanceschloss deutlich.

Das Museum im Schloss dokumentiert mit seinen Ausstellungen die durch Grabungen und kunsthistorische Untersuchungen belegte Baugeschichte. Das ist so gut möglich, weil diese in Horst wegen der kaum gestörten archäologischen Befundlage die ununterbrochene Entwicklung einer Burg vom 12. bis in das 16. Jahrhundert aufgezeigt sowie aufgrund der noch weitgehend

Ein Schlüsselbauwerk der Weserrenaissance im Ruhrgebiet: Schloss Horst.

126

Der Sturzbecher zeigt
das Bildnis des Erbauers
von Schloss Horst.

vorhandenen Bauakten ein einzigartiger Einblick in das Bauge-
schehen am Renaissanceschloss um die Mitte des 16. Jahrhunderts vermittelt werden kann.

Schloss Horst in Gelsenkirchen ist das bedeutendste Renaissan-
cebauwerk des Ruhrgebiets und eines der wichtigsten Architek-
turzeugnisse des 16. Jahrhunderts im nordwestdeutschen Raum
und darüber hinaus wegen seiner besonderen Beispielhaftigkeit
für den niederländischen Manierismus, einer dekorativen Spiel-
art der Renaissance, von Bedeutung.

Fünfzehn Jahre haben Archäologen des Landschaftsverbandes
Westfalen-Lippe auf dem Gelände von Schloss Horst gegraben,
zuletzt straßenseitig im Bereich der Pfarrkirche und der Burgka-
pelle und des dazugehörigen Friedhofes. Eine Menge Gräber
wurden freigelegt, darunter eine große Zahl Kindergräber sowie
von Föten in den Gräbern von Erwachsenen.

Das Schloss wird wegen seines Zierrates am Mauerwerk auch
der „steinerne Schatz" genannt. Nur noch auf einer Wand sind
die empfindlichen Sandsteinskulpturen erhalten geblieben und
vorbildlich restauriert, denn der Werkstoff litt im Laufe der
Jahrhunderte sehr unter den Umwelteinflüssen. Zahlreiche
Skulpturen des abgerissenen Schlossflügels konnten von den
Archäologen zum Teil bruchstückhaft, zum Teil auch komplett
geborgen werden, und sind heute im Museum zu sehen. Die
gründlichen kunsthistorischen und archäologischen Untersuchungen förderten Wandmalereien und wertvolles Alltagsgerät
zu Tage, so dass man im Schloss und dem dazugehörigen Museum einen Eindruck vom Leben auf dem Schloss bekam.

MARGARETHENKIRCHE IN KAMEN
Ältestes Kirchendach Westfalens

► Infos

Margarethenkirche
Lutherplatz
59174 Kamen Metheler-Dorf
Besichtigung auf Anfrage bei
der Evangelisch-Lutherischen
Kirchengemeinde
Pfarrer Hoppe
Tel. 02307 / 30235
Pfarrer Vogt
Tel. 02308 / 30220

Die evangelische Margarethenkirche in Kamen-Metheler gilt seit langem als eine der schönsten romanischen Hallenkirchen in Westfalen. Für eine kleine oder große Sensation, wie man es nimmt, sorgten die Bauforscher des Landschaftsverbandes Westfalen-Lippe. Sie fanden nämlich heraus, dass der Dachstuhl der Kirche zum großen Teil aus der Erbauungszeit stammt, also aus der Mitte des 13. Jahrhunderts, und damit das besterhaltene romanische Dach in Westfalen ist.

Die Bauforscher arbeiteten wie die Detektive. Als Anfang 2004 Bauschäden an den Dachstühlen über den Gewölben bemerkt wurden, war für die Bauforscher sofort klar, dass vor der Sanierung das Dachwerk genau untersucht werden musste. Die spannende Frage, die sich den Experten stellte: Stammt es möglicherweise noch aus der Bauzeit der Kirche oder war es später erneuert worden?

Um das genaue Alter der Dachwerke zu ermitteln, haben die Bauforscher Holzproben entnommen, die von zwei verschiedenen Büros dendrochronologisch ausgewertet wurden. Die Dendrochronologie ist eine Methode, bei der die verschieden breiten Jahresringe des Holzes gemessen und so das Fäll-

datum der Bäume ermittelt wird. Da früher im Winter eingeschlagene Eichenstämme meist im darauffolgenden Frühjahr verzimmert wurden, bekommt man sehr zuverlässige Baudatierungen. Das Ergebnis: Sämtliche Dachwerke der Kirche sind innerhalb weniger Jahre um 1250 verzimmert worden.

Das Kirchendach stammt aus dem Jahr 1250.

Die romanische Kirche von Kamen-Metheler.

MUTTENTAL UND ZECHE NACHTIGALL
Im Bethaus der Bergleute

▶ Infos
Muttental
Historischer
Bergbaurundwanderweg
www.muttental.de
über
Verkehrsverein Witten
Ruhrstraße 43
58452 Witten
Tel. 02302 / 122233

Museum Zeche Nachtigall
Nachtigallstraße 35
58452 Witten-Bommern
Tel. 02302 / 936640
Fax 02302 / 9366422
Zeche-Nachtigall@lwl.org
www.lwl.org
Öffnungszeiten:
Di-So/Fei 10-18 Uhr
Eintritt:
2,40 €, 1,60 €, 1,50 €

Das Historische Bethaus des Bergleute aus dem Jahr 1823 im Muttental bei Witten ist eine Außenstelle des Deutschen Bergbau-Museums Bochum. Es liegt inmitten des bergbaugeschichtlichen Rundwanderweges im Muttental, der von der Stadt Witten geschaffen wurde. Rundwanderweg und Bethaus geben Einblicke in die frühindustrielle Entwicklung des Bergbaus an der Ruhr. Das Gebiet ist als eine der Wiegen des Ruhrbergbaues zu bezeichnen. Der Rundwanderweg führt auf ca. neun Kilometern durch hügeliges und durchweg bewaldetes Gelände. Er ist mit laufender Nummerierung und Beschreibung der einzelnen Besichtigungsobjekte auf Tafeln versehen und führt über 32 Stationen vom Ausgangspunkt, dem Schloss Steinhausen, bis zum Endpunkt, der Zeche Nachtigall, heute Außenstelle des Westfälischen Industriemuseums.

Der Rundweg zeigt Baulichkeiten, Fördereinrichtungen, Gerätschaften des frühen Kohleabbaues und des Transportes der Kohle. An einigen Stellen wurde bis nach dem Zweiten Weltkrieg Kohle abgebaut. In einer geologischen Wand sind Flöze zu sehen und am Wege liegen einige Stollenmundlöcher.

Bild rechte Seite:
Wanderer im Muttental bestaunen die Flöze in der Wand von Sandstein.

Früher Bergbau im Muttental mit Zechengebäuden und einem Zechenbahnmuseum.

An der Burg Steinhausen beginnt der Rundweg.

Das Bethaus wurde von der preußischen Bergverwaltung in doppelter Funktion errichtet. Die immer zahlreicher werdenden Abbaustellen erforderten Kontrollen der Anwesenheit der Bergleute und der Sicherheitsmaßnahmen. Zum Schichtbeginn versammelten sich die Bergleute zu einer kurzen Andacht. Das Bethaus als Museum enthält alte, originale Arbeitsgeräte der Bergleute, Modelle und historische Fotos.

Stollenmundlöcher und Pingengänge können in diesem riesigen Freilichtmuseum bestaunt werden.

In der Zeche Nachtigall, einer der ersten Tiefbauzechen des Ruhrgebiets, die aber bereits 1892 schließen musste, wird der Übergang vom Stollen- zum Tiefbau dokumentiert. Im ehemaligen Maschinenhaus steht eine funktionsfähige Dampfmaschine von der Zeche Prosper Haniel in Bottrop. Ein 130 Meter langer Stollen ist zum Besucherstollen ausgebaut worden. Darüber hinaus ist die Zeche Nachtigall Ankerpunkt der Route der Industriekultur und „Informationszentrum Geopark Ruhrgebiet".

ZECHE ZOLLVEREIN
Design statt Kohle

▶ Infos
Zeche Zollverein
Besucherzentrum
Kohlenwäsche, Halle 14
Gelsenkirchener Straße 181
45309 Essen
Tel. 0201 / 830360
Fax 0201 / 8303620
besucherzentrum@zollverein.de
www.zollverein.de
Öffnungszeiten:
April bis November
tägl. 10-19 Uhr,
Dezember bis März
Sa-Do 10-17 Uhr,
Fr 10-19 Uhr

Die Bergbaugeschichte der Zeche Zollverein begann 1847 mit dem Abteufen des ersten Schachtes durch den Ruhrindustriellen Franz Haniel. Wegweisende Bedeutung erhielt Zollverein aber erst durch die zwischen 1928 und 1932 von den damals führenden Industriearchitekten Fritz Schupp und Martin Kremmer errichtete Schachtanlage XII, die sowohl in technischer als auch in architektonischer Hinsicht Glanzlichter setzte. Als damals „modernste Schachtanlage der Welt" gefeiert, erreichte Zollverein aus einer Tiefe von bis zu 640 Metern die gigantische Fördermenge von über 12 000 Tonnen pro Tag!

Trotz der hohen Funktionalität setzten die um einen Ehrenhof in zwei Achsen angeordneten kubischen Baukörper in Stahlfachwerk mit dem Doppelstreben-Fördergerüst – das schnell zum Wahrzeichen des Ruhrgebietes wurde – auch ästhetische Maßstäbe in der Industriearchitektur. Kein Wunder, dass Zollverein XII nach ihrer Stilllegung 1986 umgehend unter Denkmalschutz gestellt wurde und seit Ende 2001 als Gesamtgelände zusammen mit der Kokerei Zollverein zum Weltkulturerbe der UNESCO zählt.

1989 erfolgte die Gründung der „Bauhütte Zeche Zollverein Schacht XII GmbH" durch die Stadt Essen und die Landesentwicklungsgesellschaft (LEG) im Rahmen der „Internationalen Bauausstellung Emscher Park" (IBA), deren wichtigstes Ziel die Sanierung und Neunutzung der vollständig erhaltenen Anlage war.

Heute ist Zollverein Besucherzentrum der „Route der Industriekultur" und offizieller Ankerpunkt der Europäischen Route der Industriekultur, mit einer Vielzahl von Veranstaltungsräumen und kulturellen Erlebnisorten.

Das „Museum Zollverein" zeigt auf einem im Originalzustand belassenen Museumspfad die mit Brüsseler EU-Mitteln sanierten Übertageanlagen wie Fördereinrichtungen, Wipperhalle, Kohlenwäsche und ihre Funktionsweise, un-

Zeche und Kokerei sind durch ein Gewirr von Gängen miteinander verbunden.

terstützt durch Modelle, Filme, museumstechnische Installationen und begleitet von authentischen Geräuschen.

Im von Stararchitekt Norman Foster umgestalteten Kesselhaus präsentiert das seit 1997 dort ansässige „Design Zentrum Nordrhein-Westfalen" im „red dot design museum" die weltweit größte Dauerausstellung internationalen Industriedesigns, während die „Zollverein Ausstellungen" auf zeitgenössische Kunst setzen. Und zwischen Kohle und Kunst gilt das „Casino Zollverein" als gastro-

Zollverein bei Nacht: Die „Extraschicht" bringt ein besonderes Kulturerlebnis auf die Zeche.

nomische Oase – natürlich im Industrieambiente der ehemaligen Kompressorenhalle (Halle 9).

Im Jahr 2006 gab es innerhalb des seit 2001 umgesetzten Masterplans von Rem Koolhaas wichtige Weichenstellungen für die Zukunft des Areals: Die Fertigstellung der Kohlenwäsche für das neue RuhrMuseum und die Durchführung der renommierten Zukunftsschau ENTRY 2006 sowie die Errichtung des Neubaus für die Zollverein School of Management and Design nach den Plänen des japanischen Architektenbüros SANAA.

▶ DER BESONDERE TIPP

Die Nutzungsmöglichkeiten auf dem riesigen Gelände, zu dem auch die Kokerei gehört, sind so riesig wie die Zeche selbst. Neben verschiedenen Gastronomie- und Freizeitangeboten (im Sommer z.B. das Werksschwimmbad, im Winter die Eislaufbahn) sowie Ausstellungs-, Event- und Kongresshallen gehören dazu u.a.:

● Die früher als Schmiede und Schlosserei genutzte Halle 5 auf Schacht XII dient als Ausstellungs-, Messe- und Kongresshalle. Im ehemaligen Schalthaus befinden sich u.a. Vortrags- und Präsentationsräume.

● In der ehemaligen Kaue (Zollverein I/II/VIII) befindet sich PACT Zollverein – Performing Arts Choreographischen Zentrums NRW der Tanzlandschaft Ruhr, ein internationales Zentrum für darstellende Kunst mit dem Schwerpunkt Tanz.

● Im Kunstschacht (ebenfalls Zollverein I/II/VIII) gibt es Konzerte, Ausstellungen, Filme und Theaterstücke sowie Lesungen, Diskussionen und Vorträge zur Kultur und Geschichte der Region.

● Der Bürger- und Handwerkerpark (Zollverein III/VII/X) lässt die Besucher in der Ausstellung „Phänomania Erfahrungsfeld" Erscheinungen des Klangs, Lichts oder der Bewegung erzeugen.

● Der Schacht IV/V/XI beherbergt die Initiative „Triple Z", ein Zentrum für Existenzgründer, kleine und mittlere Betriebe.

LANDSCHAFTSPARK DUISBURG-NORD

Multifunktional
für Freizeit und Kultur

▶ Infos

Landschaftspark
Duisburg-Nord
Emscherstraße 71
47137 Duisburg
Tel. 0203 / 4291942
Fax 0203 / 4291945
landschaftspark@t-online.de
www.landschaftspark.de

August Thyssen gründete in der Hochindustrialisierungsphase 1902 die Hüttenbetriebe Meiderich. Sechs Jahre später erreichte er die Ausbaustufe mit fünf Hochöfen. 1910 wurde die Gießerei als weiterer Betriebsteil gegründet. Die räumliche Nähe zum Duisburger Hafen, der Anschluss an die Cöln-Mindener-Eisenbahn und die Nachbarschaft zur Zeche und Kokerei haben den Ausschlag für den Standort des Hüttenwerkes gegeben. 1985 kam das Aus für die Produktion und das Hüttenwerk stand vor dem Abriss. 1989 nahm die Internationale Bauausstellung Emscher Park (IBA) Gebäude und Fläche des Hüttenwerkes als Projekt auf, das von nun an unter der Bezeichnung „Landschaftspark Duisburg-Nord" geführt wird.

Ein Gewirr von Gerüsten, Rohren, Kesseln, Treppen und Podesten vermittelt den Besuchern ein Gefühl für die ehemalige Bedeutung dieses Industriedenkmals für die Montanindustrie des Ruhrgebiets. Seit 1903 waren hier im 24-Stunden-Takt 37 Millionen Tonnen Roheisen produziert, 2 500 verschiedene Stahlsorten hergestellt worden.

Heute bestimmen Werte wie Ökologie, Erholung, Freizeit und Kultur die Zukunft des 200 Hektar großen, zwischen den Stadtteilen Meiderich und Hamborn gelegenen Geländes, das als offizieller Ankerpunkt der Europäischen Route der Industriekultur längst auch internationale Aufmerksamkeit gewonnen hat.

Die seit der Stilllegung 1985 spontan gewachsene Flora und das stillgelegte Hochofenwerk sind in die Planung einbezogen. Zentraler Gedanke der ökologischen Erneuerung war der Erhalt der vorhandenen Pflanzen- und Tierwelt und die landschaftliche Verknüpfung mit dem Rhein und seinem Naturraum. Mittlerweile künden neu entstandene Biotope und über 300 verschiedene Pflanzenarten von der glücklichen Umsetzung.

Bild rechte Seite:
Eine Aufnahme mit Symbolgehalt – die Natur erobert die Industriebrache im Landschaftspark zurück.

Auch bei den vielfältigen Entertainmentangeboten steht die Industriekulisse selbst im Mittelpunkt. Am Fuße des Hochofens ist ein Wasserpark entstanden, der mangels anderer Möglichkeiten zu 90 Prozent aus Regenwasser gespeist wird und so als riesige Zisterne dient. Ein industriegeschichtlicher Weg des Eisens gibt dem Besucher die Möglichkeit, den Herstellungsprozess des Roheisens kennen zu lernen. In den ehemaligen Erzbunkern bieten sich Trainingsmöglichkeiten für Bergsteiger. Im ehemaligen Gasometer trainieren Taucher in einer einmaligen Unterwasserwelt. Und die Ruine des erst 1982 neu zugestellten Hochofens 5 bie-

In den riesigen Hallen des Stahlwerkes wird heute Theater gespielt und Musik gemacht.

Vielfarbig angestrahlt: Jonathan Park entwarf das Lichtspiel im Landschaftspark Duisburg-Nord.

tet einen empfehlenswerten Panorama-Blick aus 70 Metern Höhe.

In den riesigen Hallen, wie der Gebläsehalle, finden Kulturveranstaltungen unterschiedlicher Genres statt: Klassische Musik, Jazz, Folklore und Theater haben das Industriedenkmal für sich und das Publikum entdeckt.

Ein künstlerisches High-„Light" stellt die Lichtinszenierung des britischen Künstlers Jonathan Park dar, welches das Hüttenwerk bei Dunkelheit an Wochenenden und Feiertagen zu einem weithin sichtbaren Symbol für den Strukturwandel im Ruhrgebiet macht.

Für Freizeitmöglichkeiten ist reichlich gesorgt: Bergsteiger trainieren am alten Mauerwerk.

Bildnachweis